R. C.

Barbara Cratzius *Uns gefällt die Winterzeit*

Uns gefällt

Neue Texte
als Winter-Freude
im Kinderalltag

Barbara Cratzius

die Winterzeit

Mit Liedkompositionen von Ludger Edelkötter
und vielen Illustrationen
von Gertrud Schrör

Herder Freiburg · Basel · Wien

Die Jahreszeiten erleben und gestalten mit

Barbara Cratzius

Igel, Frosch und Fledermaus
(Best.-Nr. 22550)

Monatsreihe:

Ein ganzes Jahr – und noch viel mehr
Band 1: September – Februar
(Best.-Nr. 21996)
Band 2: März – August
(Best.-Nr. 21997)

Jahreszeitenreihe:

Frühling im Kindergarten
(Best.-Nr. 21261)
Sommer im Kindergarten
(Best.-Nr. 21262)
Herbst im Kindergarten
(Best.-Nr. 21263)
Winter im Kindergarten
(Best.-Nr. 21264)

Neue Jahreszeitenreihe:

Uns gefällt die Frühlingszeit
(Best.-Nr. 3-451-22552-2)
Uns gefällt die Sommerzeit
(Best.-Nr. 3-451-22553-0)
Uns gefällt die Herbstzeit
(Best.-Nr. 3-451-22554-9)
Uns gefällt die Winterzeit
(Best.-Nr. 3-451-22555-7)
Uns gefällt die Weihnachtszeit
(Best.-Nr. 3-451-22551)

Jeder Band 128 Seiten

Alle Lieder dieses Buches sind von Ludger Edelkötter vertont und auf Musikcassette und CD „Uns gefällt die Winterzeit“ produziert. Erschienen sind sie im IMPULSE Musikverlag Ludger Edelkötter, Natorp 21, 48317 Drensteinfurt, Tel.: 02508/673 u. 1027, Fax: 02508/9388 Bestellnummer MC IMP 1072, Preis DM 19,80, CD IMP 1072, Preis DM 24,80 zu bestellen über jede Buchhandlung oder direkt beim Verlag.

Weitere Autoren, deren Bastel- und Rezeptvorschläge in dieses Buch aufgenommen wurden:
S. Bleymüller, S. Bock/Chr. Ebert, H. Grelak, I. Madl, A. von Rohden, M. Schacherbauer, H. Schauder, St. Josefskindergarten/Lenggries, Kindergarten Partschins/Südtirol, B. Zühlsdorff.

Gedruckt auf umweltfreundlichem, chlorfrei gebleichtem Papier

Einbandfoto: © Bavaria, Matheisl
Fotos im Innenteil:
Dr. Prinz, Heikendorf (S. 56, S. 103)
alle weiteren Jürgen Junker-Rösch, Berlin

Notensatz: Nikolaus Veeser, Freiburg
Herstellung: Freiburger Graphische Betriebe 1996
ISBN 3-451-22555-7

Inhalt

Unter den obigen Kapitelüberschriften finden Sie auf den angegebenen Seiten viele Texte und Gestaltungsvorschläge in der Reihenfolge des Buches.

Das nachfolgende Inhaltsverzeichnis will Ihnen durch die Ordnung nach Stichworten die Suche nach bestimmten Texten und Gestaltungsvorschlägen erleichtern.

BASTELVORSCHLÄGE
(Herstellen verschiedener Dinge)

NATURBEOBACHTUNG

RÄTSEL

REIME

REZEPTE

RUHEÜBUNG

SPIELE

SPIELLIEDER
(siehe auch LIEDER)

Vorwort:
Im Winter

Spuren im Schnee
von eiligen Hufen
und Schattenwurf kahler Äste.
Heiseres Krächzen,
schwarze Vögel im Baum
und drüber die Sonne,
hell und klar.
Winter – du kalter Winter.

„Jule! Komm schnell raus! Es hat geschneit", schreit Michael. „Wir können endlich einen Schneemann bauen! Und den neuen Schlitten ausprobieren!"
Die Kinder laufen begeistert in die knirschende weiße Pracht hinaus. Sie entdecken viele verschiedene Spuren im Schnee. – „Schau mal, das waren Amseln", ruft Michael. „So viele kleine Dreiecke rings um das Vogelhäuschen!"
„Und da – diese Tapser hat Minka heute morgen gemacht", stellt Jule fest. „Da drüben ist sie gelaufen, da sind die Tapser viel weiter auseinander!"
„Und dort ist sie gesprungen", schreit Michael. – „Und hier, da sind ganz viele kleine Mäusespuren! Rings um das Loch! – Ich hab' doch gewußt, daß da unter der Tanne ein Mäuseloch ist!" – „Los, zieh dich warm an! Wir laufen rüber in den Park! Da sind bestimmt noch mehr Spuren zu sehen! Dirk und Martin und Jessica warten bestimmt schon!"
Während die Kinder begeistert den Winter begrüßen, macht sich Vater seufzend daran, Schnee zu schaufeln und die Winterreifen aufzuziehen. „Das wird heute morgen eine gefährliche Rutschpartie auf der Autobahn", denkt er.
Aber von den Kindern wird ein Wintertag mit Eis und Schnee und glitzernder Wintersonne immer wieder freudig begrüßt.

In diesem Buch stelle ich viele Ideen vor, wie wir mit unseren Kindern auf verschiedene Weise diese schöne Jahreszeit erleben können:

- durch Betrachtung der verschiedenen Naturerscheinungen,
- durch kreatives Gestalten wie Basteln, Spielen, Singen und Erzählen.

Das Buch enthält neue Texte, die zur phantasievollen Umsetzung und Weitergestaltung anregen möchten.
Winterzeit – das bedeutet für unsere Kinder aber nicht nur Schlittenfahren, Schlittschuhlaufen, Schneeballschlachten. Während der kürzer werdenden Tage kehren sie weit früher als in den hellen Sommermonaten in die schützende Wärme des Hauses zurück. Da heißt es für Mütter und Erzieher, Ideen zu entwickeln, um die Kinder vom Fernseher fortzulocken und sie auf die Feste der Winter- und Weihnachtszeit einzustimmen.
In keiner anderen Zeit des Jahres sind wir Erwachsene in unserer Zuwendung zu unseren Kindern so gefordert wie gerade in der Winterzeit.
Da gilt es, die vielen Feste vorzubereiten, angefangen beim Nikolaus bis zu den verschiedenen Weihnachtsfeiern,

dem Dreikönigsfest, einem Schneefest und den Fastnacht-/Faschings-/Karnevaltagen.

Wenn wir in den dunklen winterlichen Tagen an den erleuchteten Häusern vorbeigehen, können wir an den Fenstern die Ergebnisse fleißigen Schaffens sehen: Da hängen Schneemänner und bunte Sterne, Nikoläuse und Engel als Fensterbilder; da stehen getöpferte Räuchermännchen, Hirten und Könige auf den Fensterbrettern.

Man übersieht jedoch bei all dem Glanz von Goldsternen und schimmerndem Folienpapier die manchmal bis zur Erschöpfung reichende Anspannung vieler Eltern und Erzieher bei der Vorbereitung auf die winterlichen Feste.

„Ein Leben ohne Feste", schrieb der griechische Philosoph Demokrit, „ist wie ein langer Weg ohne Gasthäuser." – Feste machen unser Leben hell und freundlich, sie können uns neue Freude und Kraft schenken. – Aber haben wir das nicht selbst schon alle erlebt, daß wir uns angesichts mehlbepuderter Küchentische beim Plätzchenbacken, mitten zwischen der tobenden aufgeregten Kinderschar vor einem Krippenspiel oder bei einem Faschingsfest ganz erschöpft und ausgebrannt gefühlt haben? Von Jahr zu Jahr wird mehr von uns erwartet: Neue originelle Fingerpuppen oder Tonengel, neue mitreißende Spiele und Lieder, tolle Faschingskostüme. Schwindet bei dem Streß der Festvorbereitungen nicht oft der beglückende Zauber, den ein Fest auf die Mitwirkenden, auch auf uns Mütter und Erzieher ausstrahlen kann?

Wir sollten in den dunklen Winterwochen versuchen, uns irgendwann, irgendwo und sei es in den Tagen zwischen den Festen, zwischen Weihnachten, Neujahr und dem Dreikönigsfest eine Oase der Stille und Ruhe, eine Art „Brachzeit" zu schenken. — Das kann auf einem stillen winterlichen Spaziergang geschehen. Das gleichmäßige Gehen, der Rhythmus der eigenen Schritte, der Eindruck der winterlichen Landschaft mit den scharfen Konturen der kahlen Äste vor dem klaren Winterhimmel — ein solches Erleben kann uns ein Gefühl der befreienden Entspannung schenken. Über uns kreist ein Vogel – ruhig – fast ohne Flügelschlag. – Tief in der Erde schlafen die Tiere in ihren Höhlen. Sie atmen – sie ruhen. – Und in der Erde ruhen auch Samen, Knollen und Pflanzen. Sie sammeln Kräfte in dieser Phase der Ruhe. – Brachzeit – Ruhezeit – Zeit des Atemholens – es fällt uns schwer, uns in diese Phase des Ruheschöpfens einzuschwingen. – Aber so wie der Acker die Ruhezeit braucht, um nicht auszulaugen, brauchen auch wir diese „Brachzeiten", in denen wir unsere umtriebigen Tätigkeiten ruhen lassen, in denen wir unsere hektischen Aktivitäten eine Weile aus der Hand legen.

Brachzeit

Laßt uns dem Winter vertrauen,
der Stille
und der Kraft,
die verborgen
unter Schnee und Eis
sich bereitet.
Laßt uns dem Winter vertrauen,
der Ruhe schenken kann
und Atem holen
während der Zeit der Brache.

„Die Erde muß ein Bettuch haben, soll die Winterruhe sie laben ...“, heißt es in einem alten Bauernspruch. – Winterzeit – Zeit der Stille, Zeit, die einlädt, sich auszuruhen, Kraft zu schöpfen.

Der Italiener Zernatto schreibt:

... vor dem Hause und dahinter
türmt sich schon das grobgespaltene
Buchenholz für einen langen Winter.
Und kein Acker und kein Garten
braucht jetzt Arbeit oder Pflege;
oh, wir können ruhig
auf den Winter warten.

Ruhig auf den Winter warten, sich einschwingen in die Stille der verschneiten Schneelandschaft: Das gehört für mich zum bewußten Erleben der Wintermonate.
Wenn wir auf diese Weise einmal für uns den Wert der Brachzeit, der Stille entdeckt haben, dann können wir mitunter auch mit Kindern dieses Erlebnis nachempfinden.
Bei einem gemeinsamen Spaziergang in die weiße Winterwelt kann es gelingen, daß wir uns mit den Kindern für kurze Zeit in diesen Bereich der Ruhe einstimmen, so wie es der Schweizer Lehrer Bruno Döring nach einem Schulausflug beschreibt:

Schulreise mit Erstklässlern. Die Kinder sind aufgeregt, ein bißchen überdreht und plaudern pausenlos. Sie erzählen von den Vorbereitungen, vom Imbiß, den ihnen die Mutter mitgab, von den jungen Kaninchen zu Hause und daß Oma jetzt im Spital liege. Immer drängen ein paar an meine Seite. Einmal nimmt ein Mädchen meine Hand, einfach so, und läßt sie lange nicht mehr los. Schön für einen, der jahrelang auf der Oberstufe unterrichtete.
„Wollt ihr die Stille hören?“ frage ich in einem dunklen, kühlen Waldstück, als mir das Geplauder und Gejohle der Kinder zuviel wird.
„Jaaa“, tönt es vielstimmig zurück, auch wenn sie sich bestimmt kaum etwas darunter vorstellen können.
„Wenn ich den rechten Arm in die Höhe strecke, dann schreit ihr alle los, so laut ihr könnt. Und wenn ich die Hand herunternehme, dann hört ihr sofort auf.“
Die Kinder wiehern. Losschreien dürfen, was für ein Vergnügen! Der erste Versuch scheitert, weil zu viele unaufmerksam sind. Für den zweiten Versuch nehme ich Augenkontakt auf mit allen. Und wie ich dann mitten im Geschrei den Arm herunterziehe, ist es, wie wenn jemand das Geschrei mit einem scharfen Messer abschneidet – für Sekunden ist es mäuschenstill. Man hört die Vögel, den Bach ... und dann beginnen einige zu kichern.
Aus: Bruno Döring, Schenk mir Stille. Verlag am Eschbach

Mit eigenen Worten möchte ich abschließend die Eindrücke beschreiben, die wir im Winter mit seinen dunklen Tagen empfangen. Ich entdecke in der Dunkelheit des zu Ende gehenden Jahres auch die Chancen des Neuanfangs, des Aufbruchs, die zu Beginn des neuen Jahres geschenkt werden.

Licht in der Finsternis

Früh fällt die Finsternis ein.
Die Dämmerung verwischt die Spuren
von eiligen Hufen im Schnee.
Am Waldrand strecken die Weidenzweige
ihre kahlen Äste
in den Winterhimmel.
Die Krähen schreien hoch im Krähenbaum ihren Hunger in die Nacht hinaus.
Aber daheim im Garten
die vertraute Tanne
besteckt mit hellen Kerzen –
wie sie leuchten
gegen die Dunkelheit!
Und ist doch nur ein Baum!
Wie aber – wenn wir selbst
Lichter anzünden
mit Worten und Werken,
die dunkle Wege
tröstlich sanft erhellen.

Zum neuen Jahr

Nicht den Schatten fürchten
der gegen Abend über dein Haus wächst,
nicht die Nacht fürchten
die das Gesicht dir verdunkelt,
nicht die Angst fürchten
die dich in Träumen bedroht,

sondern den Stern sehen,
der in der Dunkelheit
heller glüht,
und den Glanz
der aufgehenden Sonne ahnen,
der die Nachtschatten
schwinden läßt.

Christrose

Dunkel und gefroren die Erde.
Schneereste an der Mauer.
Aber davor hat eine Christrose
ihre hellen Blütenblätter aufgeschlagen.
Wie ein helles freundliches Wort,
wie ein guter Gedanke mir hergesandt
mitten im Dunkel der Winternächte.
Hoffen kann ich
auf die Heiterkeit heller
Frühlingstage.

Zu neuen Ufern

Träume und Sehnsüchte gingen verloren.
Enger wird unser Leben.
Wir stoßen an unsere Grenzen.
Wir fühlen uns oft gefangen,
müde im Schlepptau
unserer Pflichten und Sorgen.
Aber manchmal geschieht
das unversehens:
Wir spüren, wir haben noch Kräfte,
mehr Gaben, als wir jeden Tag abrufen.
Wir können Grenzen überschreiten,
unsere Räume weit machen,
auch anderen neue Perspektiven geben
und neue Ufer erkennen:
Gott selbst stellt unsere Füße
auf weiten Raum.

(nach Psalm 31)

Kapitel 1: Von Schnee und Eis

Von Schneeflockensternen, von Reif und Eiszapfen und vom Schneesturm im Zauberglas

Von Schnee und Eis und dem Geheimnis der Schneeflocken

Der Dorfteich in unserem kleinen Dorf im Norden ist endlich zugefroren. Aber die Weiden am dunklen Uferrand strecken grau und kahl ihre Äste vor dem kalten Winterhimmel.
Nur im Fernsehen haben die Kinder in diesem Winter bis jetzt Schnee gesehen. Mit Spannung haben viele von ihnen die Abfahrtsläufe auf den Skipisten in Italien und Österreich erlebt. – „Toll, das Skispringen in Oberstdorf! Da unten in Bayern müßten wir wohnen!" hat unser Sohn oft seufzend gesagt.
Die Kinder im Kindergarten und in der Schule haben als Ersatz viele Pappmachéschneemänner gebaut. – Und nun, Mitte Januar, hat es endlich auch bei uns im Norden geschneit! – Welch ein Jubel, als die Kinder ihre Schlitten, die sie zu Weihnachten bekommen haben, hervorholen können! – Wir Erwachsene betrachten voller Erstaunen die weiße Pracht auf den herabhängenden Zweigen der Tannen, auf Zäunen und Dächern.
Wenn die Wintersonne durch die Wolken bricht, greifen wir gern begeistert zum Fotoapparat. – Wie der Schnee alles verwandelt, wie er sogar den dunklen Schuppen, die Regentonne, den Bagger auf der stillgelegten Baustelle verzaubert!
Die Kinder kommen durchgefroren, aber glücklich von ihrem Ausflug in die weiße Schneelandschaft nach Hause. – „Es soll noch mehr schneien", ruft Michael, „am besten die ganze Nacht durch! So viel, daß wir mitten auf der Straße den Schlitten ziehen können!" – „Daß kein Auto mehr fahren kann", ruft Jessica. „Und daß wir hundert Schneemänner bauen können!"
Der Vater guckt zum wolkenlosen Himmel. Die ersten Sterne blitzen auf. – „Ich glaub' nicht, daß es heute noch schneit", meint er. – „Woher weißt du denn das?" fragt Michael. „Wann schneit es denn endlich wieder?" – „Da muß der Himmel wieder voller grauer Wolken sein", sagt der Vater.
„Wolken enthalten Wasserdampf und klitzekleine Teile von Eis. – Wenn es kälter wird, friert der Wasserdampf an den kleinen Eisteilen fest. Diese werden schwerer als Luft und sinken zur Erde. – Wenn es von den Wolken bis zum Erdboden höchstens 2° warm ist, bekommen wir Schnee, aber das sind nicht einzelne Eiskristalle. Viele solcher Kristalle fügen sich zu einer Schneeflocke zusammen. – Wenn die Luft über der Erde wärmer ist, gehen die Eisteilchen in Regen über. Dann könnt ihr keine Schneeballschlacht machen. – Die Schneekristalle haben viele verschiedene Formen. Sie bestehen aus gefrorenen Wassertröpfchen. Es gibt Plättchen und Nadeln, aber auch schön verzweigte Sterne. – Wir können sie unter einem Mikroskop beobachten!"

Ist der Schnee immer schneeweiß?

Heute ist endlich dichter Schnee gefallen. Glitzernd scheint die Wintersonne darauf.
„Mami, der Schnee ist wirklich weiß, das schönste Weiß, das es je gab“, ruft Tanja lachend und denkt an die Waschmittelreklame gestern abend im Fernsehen. „Ich bin mir nicht so sicher, ob der Schnee wirklich ganz weiß und auch sauber ist“, meint die Mutter. „In einigen Tagen sicher nicht mehr. Es ist viel Staub und Schmutz in der Luft!“
„Wir können ja mal einen Versuch machen“, meint der Vater. „Nimm Mutters großen Suppentopf und hol ganz frischen weichen Schnee herein!“
Inzwischen hat Vater einen Kaffeefilter mit Filterpapier über ein Weckglas gestülpt. Als der Schnee geschmolzen ist, gießt er ganz vorsichtig das Schmelzwasser durch den Filter. – „Schau mal, Vater“, ruft Tanja, „das Filterpapier ist wirklich etwas dunkelgrau geworden. Sieht richtig schmutzig aus!“
„Das machen wir später noch mal“, sagt der Vater.
Nach einigen Tagen hat es immer noch keinen Neuschnee gegeben. Aber der Schnee an der hohen Tanne im Garten sieht immer noch weiß und unberührt aus. Der Vater wiederholt den Versuch. Nun ist der Kaffeefilter viel, viel schmutziger geworden.
„So viel Staub und Dreck ist in der Luft“, sagt Tanja. – „Die Schornsteine der Häuser und Fabriken, die Auspuffgase unserer Autos schleudern viel Schmutz in die Luft. – Und wir müssen alles einatmen!“ sagt die Mutter und seufzt.

Gefriert das Wasser immer bei null Grad?

Draußen herrscht klirrender Frost. „Gut, daß die Garage beheizt ist“, sagt der Vater, „sonst würde das Wasser in der Scheibenwischeranlage bestimmt einfrieren! Martin, hol mir doch aus der Küche Mamis Spülmittel her!“ – „Willst du das Auto waschen?“ fragt Martin verwundert. – „Nein“, sagt der Vater lachend, „ich spritze nur ein paar Tropfen von dem Spülmittel oder auch ein paar Tropfen Alkohol in die Scheibenwischeranlage. Dadurch kann das Wasser nicht so schnell gefrieren. Dann bleibt es auch noch unter null Grad flüssig.
Mit ein paar Körnern Salz würde dieselbe Wirkung erreicht werden. Früher hat man Salz auf die Wege und Straßen gestreut, um das Eis tauen zu lassen. Aber das salzige Wasser ist schädlich für die Umwelt – für Bäume und Pflanzen. Heute kratzen wir Schnee und Eis von den Gehsteigen weg und streuen Sand oder Kies, damit die Passanten nicht ausrutschen. – Siehst du, darum haben wir uns im Sommer bei der Gemeinde einige Eimer davon besorgt.“

Spiele und Beobachtungen im Winter

Wir zünden ein Licht an

Im Winter ist es morgens im Kindergarten noch recht dunkel. Da können wir mit einem fröhlichen Spiel Licht in das Dunkel bringen.
Wir sitzen rings im Raum im Stuhlkreis oder auf den Kissen. Nun erzählt die Erzieherin eine Wintergeschichte, bei der die Kinder etwas erraten müssen; sie stellt verschiedene Winterrätsel oder verschiedene Sachfragen aus der Natur.
Beispiel: Wie sehen die Schneeflocken unter einem Vergrößerungsglas aus? (Schneekristalle) Wo verstecken sich die Igel, Eichhörnchen, Hamster, Bären im Winter?
Wenn ein Kind die Lösung weiß, darf es seine Taschenlampe anknipsen. Es kann dafür einen Punkt gutgeschrieben bekommen. Kooperativer ist es, wenn wir in Gruppen von mehreren Kindern zusammensitzen und die Gruppe den Punkt bekommt. Die Punktesieger dürfen in die Schüssel mit selbstgebackenen Keksen greifen.

Wir beobachten mit den Kindern Schneeflockensterne

Dazu brauchen wir schwarzes Papier oder ein schwarzes Tuch und ein Vergrößerungsglas. – Wir legen das Papier oder Tuch ins Freue. Nun können wir mit dem Vergrößerungsglas die vielen verschiedenen Formen erkennen.
Vielfältige Anregungen zum Basteln von Schneeflockensternen finden sich in: Barbara Cratzius, Das Mitmachbuch zur Weihnachtszeit, Christophorus-Verlag, Freiburg.

Warum stoßen wir im Winter draußen weißen Atem aus?

Wir atmen Luft aus, die Wasserdampf enthält. Wenn es draußen warm ist, sehen wir den Wasserdampf nicht. – Wenn es kalt ist, kühlt sich der Wasserdampf ab und geht in Tröpfchen über. – Diese weißen Tropfen können wir im Freien, wenn es kalt ist, wie Nebel vor unserem Mund sehen.

Wie entsteht Reif?

Reif ist gefrorener Wasserdampf. Die Luft enthält viel Wasserdampf. An frostigen Wintertagen setzt sich dieser Wasserdampf an Büschen und Blättern fest und gefriert dort. – Die so entstehenden Eiskristalle bilden dann den „Rauhreif". Die Fensterscheiben unserer zentralgeheizten Häuser sind zu warm, als daß der Reif dort schöne Eisblumen bilden könnte.
Aber unsere Großeltern erinnern sich wohl noch gern an die schönen zarten Blumen, die morgens an den Fenstern mancher Bauernhäuser hochrankten.
Wenn ihr das Tiefkühlfach eures Kühlschrankes öffnet, gelangt etwas Wasserdampf aus der warmen Zimmerluft hinein. Ihr könnt den Reif an den Innenwänden erkennen. Die Abtauvorrichtung sorgt aber dafür, daß sich nicht zuviel Reif bildet. – Immerhin muß das Eisfach in Abständen aufgetaut und saubergewischt werden.

Wie kommt es, daß wir auf dem Eis so schön gleiten und rutschen können?

Wenn wir auf dem Eis laufen, beginnt durch den Druck und die Reibung die Oberfläche des Eises zu schmelzen. Dieser zarte Wasserfilm ist wie ein Gleitmittel, fast so wie Wachs auf dem Fußboden. – Wenn ihr eine glatte Sohle unter den Schuhen habt, könnt ihr besonders gut gleiten. Auf Schuhen mit dicken Rillen dagegen könnt ihr schlecht rutschen. Am besten gleitet ihr mit Schlittschuhen mit ihren scharfen Kufen. – Wenn es draußen sehr kalt ist und sich eine dicke Eisdecke gebildet hat, kann sich auch beim Druck eures Körpergewichtes kein Wasserfilm mehr bilden.
„Die Eisbahn ist aber heute stumpf!" sagen die Kinder.

Wie entstehen Eiszapfen?

Wenn herabfließendes Wasser oder herabtropfendes Wasser schnell wieder gefriert, bilden sich Eiszapfen. Wir können sie an Regenrinnen, Straßenlaternen oder an Wasserfällen beobachten. – Wenn herabtropfendes Wasser an kleinen Eiszapfen herabläuft und wieder festfriert, werden die Eiszapfen immer länger.

Wie bildet sich das Eis?

Wenn die Wassertemperatur auf null Grad Celsius absinkt, fängt das Wasser an zu gefrieren. Die Eisdecken auf unseren Seen und Flüssen werden dicker, je mehr die Temperatur absinkt. – Trotzdem ist große Vorsicht geboten, zugefrorene Wasserflächen zu betreten. Wir sollten uns genau erkundigen, ob die Seen von den örtlichen Gemeinden zum Schlittschuhlaufen freigegeben sind. – Fließende Gewässer (Bachläufe, Seen, die von Flüssen durchflossen werden) können besonders gefährlich sein, weil sich dort schwer eine geschlossene Eisdecke bildet.

Zauberlieder für Herbst

Text: Barbara Cratzius
Musik: Ludger Edelkötter

Habt ihr den Zauberer gesehen?
Mit kühlem Hauch geht er umher,
wohin er bläst mit aller Kraft,
da hängen keine Blätter mehr.

Habt ihr den Zauberer gesehen?
Die Schwalben lockt er auf das Dach.
„Beeilt euch“, ruft er, „freßt euch satt
und fliegt den Vogelschwärmen nach!“

Habt ihr den Zauberer gesehen?
Er macht die Trauben süß und blau,
er malt die grünen Birnen an
und läßt die Drachen steigen, schau!

Habt ihr den Zauberer gesehen?
Er rollt Kastanien euch zum Gruß
im grünen spitzen Stachelkleid
und viele Eicheln vor den Fuß.

Habt ihr den Zauberer gesehen?
Die Welt wird weiß und kalt und leer,
und wenn es Stein und Beine friert,
dann kommt ein neuer Zaub’rer her.

und Winter: Kennt ihr den?

Text: Barbara Cratzius
Musik: Ludger Edelkötter

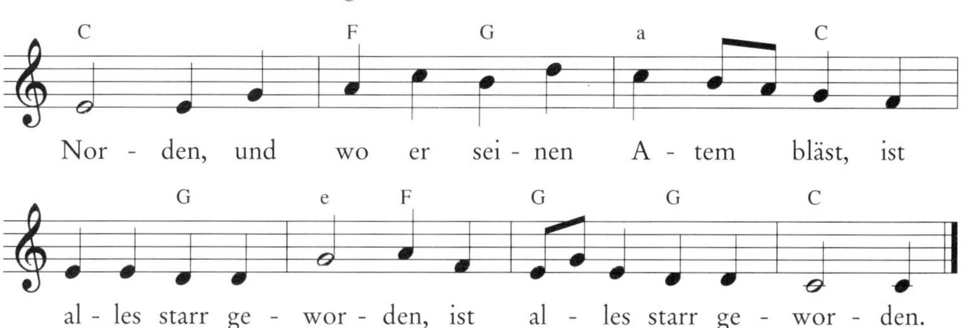

Ein Zauberer geht übers Land
mit Tosen und mit Brausen.
Der Igel unterm Blätterzelt,
der hört's mit Angst und Grausen.

Ein Zauberer geht übers Land,
der rüttelt an den Scheiben
und ruft der Maus, dem Maulwurf zu:
„Wollt ihr im Loch wohl bleiben?“

Ein Zauberer geht übers Land,
mit Körnern, hart wie Steine,
die schleudert er ans Fenster dir,
weißt du wohl, was ich meine?

Ein Zauberer geht übers Land,
läßt zarte Blumen blühen,
will über Dächer, Zaun und Feld
ein weißes Leintuch ziehen.

Ein Zauberer geht übers Land,
vor dem wir nicht erschrecken.
Wir wollen seine Zauberspur,
die weiße Welt entdecken.

Ein Zauberer geht übers Land.
Wenn Frühlingslüfte streichen,
und wenn das Eis am Bache schmilzt,
dann muß der Zaub'rer weichen.

In meinen Büchern
„Uns gefällt die Frühlingszeit“ (Seite 14)
und „... Sommerzeit“ (Seite 14)
sind die Zauberlieder vertont.
Es folgen nun die Zauberlieder
für den Herbst und den Winter.
Nun kann ein Spiel (eine kleine Kantate)
von den vier verschiedenen Jahreszeiten
aufgeführt werden.

Wir zaubern den Schnee herbei

Nach den Weihnachtsferien sind die Kinder zum ersten Mal wieder im Kindergarten.
„Ich hab' einen richtig tollen Roboter bekommen", ruft Michael. „Der kann vorwärts und rückwärts gehen und richtig sprechen!"
„Ach, Roboter sind langweilig", schreit Lukas. „Mein Doktorkoffer ist einfach super! Mit Hörrohr und Scheren und Pinzetten und einem langen Schlauch mit einem Meßgerät dran!"
Anne und Tini haben Ski bekommen und Thomas und Andrik neue Schlittschuhe und einen neuen Schlitten. „Mit Kufen dran", ruft Andrik. „Einfach Spitze zum Bobfahren!"
„Und wie willst du Bobfahren, wenn es dauernd regnet?" fragt Lukas. Die Kinder gucken aus dem Fenster. „Richtig lange Bindfäden sind das", ruft Anne. „Wir können Wasserski und Wasserschlitten fahren!"
Frau Meyer schaut aufs Thermometer. „Na", meint sie, „so ganz hat uns Petrus nicht vergessen! Schaut nach, es ist null Grad! Wenn es noch ein bißchen kälter wird, dann können aus den Regentropfen Schneeflocken werden!" „Vielleicht können wir welchen herbeizaubern", ruft Thomas. „Meine Oma hat mir mal einen Zauberspruch für den Schnee gesagt. Und nach drei Tagen hat es wirklich geschneit!"
„Sag uns den Zauberspruch doch mal vor", bettelt Anne.

1-2-3,
Schnee, komm herbei!
2-3-4,
Schnee, den wünsch' ich mir!
5-6-7,
Schneeflocken hiergeblieben!

Nun weiß Frau Müller noch ein Zauberschneelied. Sie singt es auf die Melodie „Alle meine Entchen". Da können die Kinder alle mitsingen:

Alle weißen Flocken,
ihr kommt her von weit.
Wo müßt ihr jetzt hocken?
Kommt doch hergeschneit!

Alle weißen Flocken,
kommt, wir warten sehr!
Schnee auf allen Straßen
kennen wir nicht mehr.

Alle weißen Flocken,
wir sind längst bereit!
Kommt uns doch besuchen
in der Winterzeit.

Aber draußen prasselt der Regen immer noch gegen die Scheiben.
„Ich hab' hier im Kindergarten noch nie einen Schneemann gebaut", sagt Lukas ganz traurig. „Nur einmal, als wir im Winter hoch in den Bergen waren!"

„Dann wollen wir jetzt mal ganz viele Schneemänner malen“, sagt Frau Meyer. Sie holt das schwarze Tonpapier, die weißen Fingerfarben und Korken herbei. „Zuerst wollen wir mit dem Bleistift einen dicken Schneemannbauch malen, dann einen kleineren Bauch darüber und am Schluß einen Kreis als Kopf. So, jetzt streicht ihr die Korken mit weißer Farbe an und drückt viele kleine weiße Stempel in den Kreis, dicht an dicht. Das schwarze Papier soll nicht mehr zu sehen sein!“

Gegen Mittag hängen 23 schöne große Schneemänner an der Wand.

Frau Meyer hat inzwischen für jedes Kind ein Schälchen mit Apfelmus und einem großen weißen Schneekleks aus Eischnee hingestellt.

Als die Kinder begeistert ihre Teller auslöffeln, springt Thomas plötzlich auf. „Ich hab' eine Schneeflocke gesehen! Und jetzt noch mehr! Da – auf der Wiese ist ein ganz dünner weißer Schleier!“

„Das ist ja wirklich fast wie Zauberei“, ruft Michael.

„Seid leise“, sagt Frau Meyer, „im Radio wird gerade der Wetterbericht durchgegeben ... der Wind dreht auf Osten, absinkende Temperaturen, für heute nacht und morgen sind Schneefälle zu erwarten ...“

„Hurra, hurra! Morgen machen wir eine Schneeballschlacht! Und wir bauen einen richtig großen Schneemann hinten auf der Wiese!“ schreit Lukas. „Und zwei Schneekinder dazu!“ rufen Anne und Michael.

Ein Schneemann, der nicht taut

Ihr braucht: Schwarzes, braunes und rotes Tonpapier, weißes Seidenpapier, eventuell Toilettenpapier, Schere, Bleistift, Klebe.

Aus dem schwarzen Tonpapier ein Rechteck schneiden, die Schneemannform grob vorzeichnen, Seidenpapier oder Toilettenpapier knüllen und dicht an dicht aufkleben. Aus dem roten Papier Mund, Rübennase und Mütze schneiden, aufkleben. Aus dem schwarzen Tonpapier Augen und Knöpfe ausschneiden, aufkleben.
Der Schneemann kann auch einen Gürtel aus bunten Papierresten bekommen.

B. Zühlsdorff

Das Spiellied von Herrn Holle

Text: Barbara Cratzius
Musik: Ludger Edelkötter

F
1. Im Wol - ken - haus, im Wol - ken - haus, da

G C F
hat Herr Hol - le sich ver - steckt. Schon früh am Mor - gen,

G C
Schreck, o Graus, wird er von sei - ner Frau ge - weckt.

Kehrvers:

B♭ F C
Auf - ste - hen! Auf - ste - hen! und ganz flei - ßig

F B♭ F
Bet - ten schüt - teln! Auf - ste - hen! Auf - ste - hen!

C F
1 - 2 - 3, was ist schon da - bei.

Im Wolkenhaus, im Wolkenhaus,
da hat Herr Holle keine Ruh.
Gleich schimpft die Frau ihn tüchtig aus.
„Du Langschläfer, du Faulpelz du!"
Kehrvers: Aufstehen! Aufstehen! ...

Vom Wolkenhaus, vom Wolkenhaus,
da fliegen Flocken her im Wind.
Die Kinder schaun zum Fenster raus
und hol'n die Schlitten her geschwind.
Kehrvers: Aufstehen! ...

Vom Wolkenhaus, vom Wolkenhaus,
da wirbelt es den ganzen Tag.
Herr Holle zieht die Stirne kraus,
weil er doch lieber schlafen mag.
Kehrvers: Aufstehen! ...

Im Wolkenhaus, im Wolkenhaus,
Frau Holle aus dem Fenster lacht.
„Ich ruhe mich gemütlich aus,
Herr Holle ja die Arbeit macht."
Kehrvers: Aufstehen! ...

Im Menschenhaus, im Menschenhaus,
da schrein die Kinder: „Danke sehr!"
„Für Tini, Lisa, Kai und Klaus
schick bitte noch mehr Schnee uns her!"
Kehrvers: Aufstehen! ...

Schneemanns blauer Wolkentrunk

Zutaten: 1 Flasche schwarzer Johannisbeersaft, Saft und Schale einer ungespritzten Zitrone, Saft von 2 Apfelsinen, 100 g Zucker oder Blütenhonig, etwas Zimt, Vanillezucker und 3 Nelken

Ihr erhitzt alle Zutaten und füllt den „Wolkentrunk" in Gläser. Bitte einen Metallöffel hineinstellen, damit das Glas nicht springt. Wenn ihr den Glasrand vorher noch mit Zitronensaft bestrichen und in Hagelzucker getaucht habt, bekommt der blaue „Wolkentrunk" einen lustigen weißen „Schneerand".

Spielidee
Immer zwei Kinder spielen Frau und Herr Holle.
Zunächst schläft Herr Holle
und wird von seiner Frau geweckt.
Dann malt Herr Holle pantomimisch ein Wolkenfenster
in die Luft, aus dem er sich herausbeugt
und die Betten schüttelt.
Frau Holle ruht sich inzwischen aus.
Am Schluß fassen sich alle Kinder an den Händen
und erbitten noch mehr Schnee.

Viele tausend weiße Flöckchen
Text: Barbara Cratzius
Musik: Ludger Edelkötter
1. Vie - le tau-send wei-ße Flöck-chen tra - gen
tau - send wei - ße Söck - chen, tan - zen, wir - beln
in der Luft, aus der Kü - che Ku - chen - duft.
Kehrvers:
Schnee - ster - ne, Plätz - chen - ster - ne,
Win - ter - zeit, dich mag ich gern! Schnee - ster - ne,
Plätz-chen - ster - ne, Win - ter - zeit, dich mag ich gern!

Viele tausend weiße Flöckchen
tragen tausend weiße Röckchen,
vor dem Haus ein weißer Mann,
ja, nun fängt der Winter an!

Kehrvers: Schneesterne...

Viele tausend weiße Flöckchen
tragen tausend weiße Löckchen.
Fuchs, der schnürt des Nachts ums Haus,
tief im Loch, da piept die Maus.

Kehrvers: Schneesterne...

Tanzen all die vielen Flocken,
aus der Ferne hör' ich Glocken.
Hinterm Fenster brennt ein Licht,
Nikolaus, vergiß mich nicht.

Kehrvers: Schneesterne...

Dieser Text eignet sich gut als Fingerspiel

Winterliche Schmuck- und Geschenkideen

Schmuck für Blumen mitten im Winter

Mitten im Winter freuen wir uns an den bunten Topfblumen, die es in den Gärtnereien zu kaufen gibt oder die wir selbst aus Zwiebeln gezogen haben (Hyazinthen, Krokus, Primeln).
Wenn ihr einen kleinen bunten Blumentopf im Winter verschenkt, könnt ihr einen selbstgebastelten Gruß dazustecken.
Dazu malt ihr eine lustige Figur (Schneemann, Gartenzwerg, Schmetterling, Glückskäfer, Schornsteinfeger, siehe Zeichnung) auf Karton auf und schneidet die Schablone aus. Ihr zeichnet sie zweimal auf Plakatkarton auf und schneidet sie aus. Ihr malt die Figuren an, legt einen Schaschlikspieß (Holzstab) dazwischen und klebt sie aufeinander.
Nun kann euer Schmuckstab den Blumentopf schmücken. Besonders hübsch ist es, wenn ihr auch den Tontopf bunt bemalt. *B. Zühlsdorff*

Fensterbild: Kinder im Winterwald

Ihr braucht: Tonkarton, Deckfarben, Schere, Nylonfäden, Deckweiß, Fingerfarben oder Styroporstückchen aus altem Verpackungsmaterial.

Ihr schneidet mit Hilfe der Schablonen die Figuren aus. Schuhe, Mützen, und Handschuhe der Kinder werden rot, Schals und Hemden sollten rot-weiß gestreift angemalt werden.
Die Tannen schneidet ihr aus grünem Tonpapier aus. Nun hängt ihr Tannen und Kinder abwechselnd in einer langen Reihe ans Fenster. Mit Deckweiß könnt ihr Schneeflocken ans Fenster tupfen (Deckweiß aus der Tube oder weiße Fingerfarbe tupfen). Auch kleine Styroporstückchen, die man auf Fäden zieht, ergeben hübsche „Schneeflocken“. *H. Schauder*

Die Figuren sind unter dem nebenstehenden Lied (S. 24) aufgemalt.

Spiel und Spaß im Schnee

Wer baut den größten Schneemann?

Wenn eine Kindergesellschaft eine Zeitlang gespielt hat, wird es vielleicht manchem ein bißchen kalt.
Bei einem kleinen Wettkampf wird auch der letzte wieder warme Füße kriegen!
Ihr bildet zwei Gruppen!
Auf „los" geht's los!
Jede Gruppe versucht, einen möglichst großen Schneemann oder eine Schneefrau zu bauen. Mutter muß die Zeit begrenzen, damit sich das Spiel nicht zu lange ausdehnt.
Am Schluß ruft sie:

Nun habt ihr noch drei Minuten,
baut ganz schnell, ihr müßt euch sputen.
Wo steht nun der größte Mann?
Schluß! Den schauen wir uns an!

Die Siegergruppe bekommt einen festgesetzten Preis.

Zielwerfen im Winter

„Korbball" kann man selbst im Winter im Freien spielen. Das ist auch eine hübsche Unterhaltung für den Pausenhof, auf dem Schneeballwerfen auf andere Kinder meistens verboten ist. Ihr könnt eine alte Waschmitteltrommel oder einen alten Eimer mit Plakafarbe bemalen. Wenn ihr Klarlack überstreicht, werden die Farben wasserfest.
Nun stellt ihr euch in einer festgelegten Entfernung von eurem „Korb" auf und versucht, eine bestimmte Anzahl von Schneebällen hineinzuwerfen. Wenn ihr den Sieger ermitteln wollt, muß einer von euch die Anzahl der Treffer aufschreiben.
Bewahrt den „Korb" gut auf! In der warmen Jahreszeit könnt ihr das Spiel mit Gummi- oder Tennisbällen fortsetzen.

Schneeballstaffel

Formt etwa 5 bis 10 Schneebälle (je nach Mannschaftsstärke) und legt sie vor eure Staffel hin. In einem Abstand von etwa 15 bis 20 Metern steckt ihr einen Malstock in den Schnee.
Auf Kommando läuft das erste Kind jeder Staffel mit einem Schneeball auf dem flachen Handrücken los. Er darf beim Laufen nicht herunterfallen.
Ihr legt den Schneeball neben den Stock, lauft rasch zurück und schlagt das nächste Kind an, das den nächsten Ball zum Ziel bringen darf.
Wenn ein Ball heruntergefallen ist, muß sich das Kind einen neuen Ball holen. Sieger ist die Mannschaft, die zuerst alle Bälle ans Ziel gebracht hat.

Lied vom Schneemann Fritz

Text: Barbara Cratzius
Musik: Ludger Edelkötter

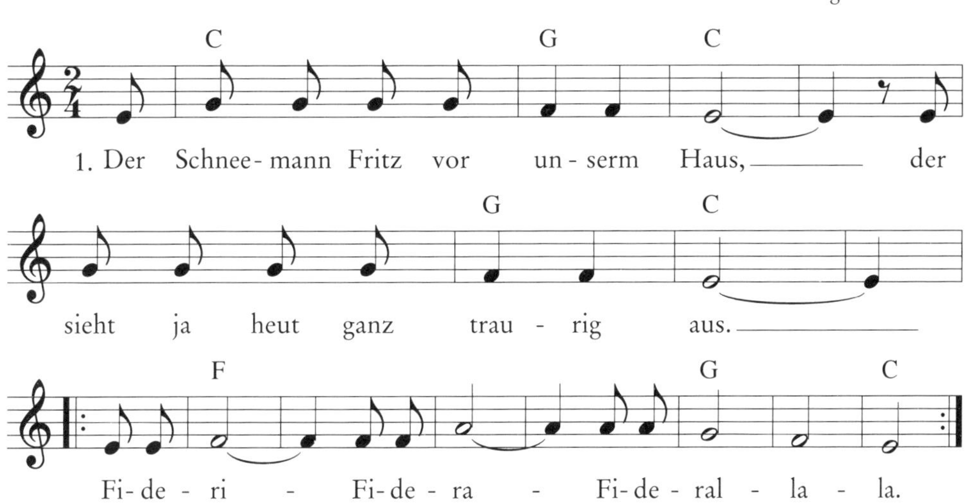

2. Der Fritz, der ruft in Schnee und Eis:
„Warum bin ich bloß immer weiß?“
Fideri ...

3. Der Fritz, der ruft: „Nun wird es Zeit!
Wann kriege ich ein buntes Kleid?“
Fideri ...

4. „Ich wünsch’ mir einen roten Rock
und bunte Fähnchen an den Stock!“
Fiderallala ...

5. „Dazu dann noch auf jeden Fall
den bunten Hut und bunten Schal.“
Fiderallala ...

6. „Nun zaubert auch ein Hemd mir her,
ganz bunt gestreift, das ist nicht schwer!“
Fiderallala ...

7. „Als Schneemann-Clown möcht’ ich dann gehn,
ach, könnt’ ich bis zum Fasching stehn!“
Fiderallala ...

Bei diesem Lied werden die Strophen 1 bis 3 nach der angegebenen Melodie gesungen, die die traurige Stimmung des Schneemanns musikalisch wiedergibt.
Die weiteren Strophen werden nach der Melodie: „Ein Vogel wollte Hochzeit machen“, gesungen. Dadurch wird deutlich, daß der Schneemann fröhlich geworden ist.

Spielidee:
Einen bunten Schneemann oder eine eitle bunte Schneefrau zu zaubern wird euch viel Spaß bringen. Ihr malt breite Streifen von Packpapier (auch alte Zeitungen) mit Deckfarben oder Plakafarben an und bindet sie dem Schneemann um. Einen lustigen Hut könnt ihr aus Kartons herstellen, die ihr bunt beklebt. Aus Kreppapier könnt ihr bunte Bänder und Girlanden für den Stock und für den Schmuck an Hals und Bauch schneiden. – Ihr könnt den Schneemann auch als Indianer, Roboter ... verkleiden.

Lügenlied im Winter

Der Hase zog die Schlittschuh an,
ist übern See geflogen.
Und hat dort eine Achterbahn
auf glattem Eis gezogen.

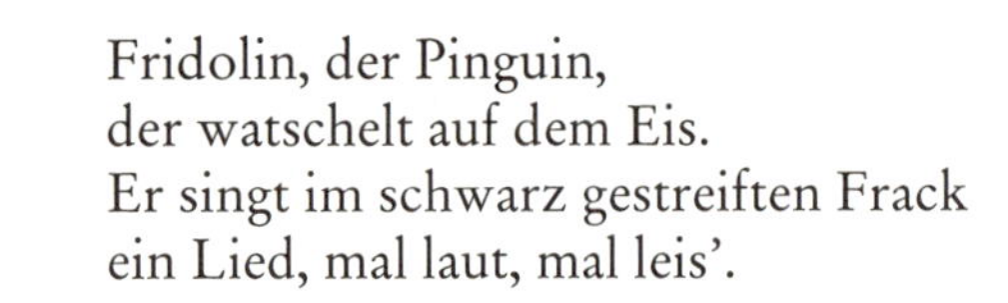

Fridolin, der Pinguin,
der watschelt auf dem Eis.
Er singt im schwarz gestreiften Frack
ein Lied, mal laut, mal leis'.

Ein Walroß hoch in Grönland wohnt,
möcht' auf dem Eis sich rollen.
Kopfüber und kopfunter tanzt
es lustig auf den Schollen.

Die Krähe hätt' gern einen Schal,
wenn kalt die Winde wehen.
Dann braucht sie auf dem Krähenbaum
nicht heiser sich zu krähen.

Und glaubst du mir das alles nicht,
die Schnee- und Eisgeschichten.
Den Schneemann hört' ich sie heut nacht
vor unserm Zaun berichten.

Er zwinkert mir noch einmal zu
und lächelt dann verstohlen.
Nun weiß ich nicht: Ist alles wahr?
Oder wollt' er mich verkohlen?

Text aus: B. Cratzius, Mein liebstes Weihnachtsbuch,
Loewes Verlag.

Eine Schneeflocken-Ruhe-Übung

Wer von uns Erziehern kennt das nicht: Schon morgens stürzen die Kinder unruhig und aggressiv in den Gruppenraum. Sie drängeln und stoßen sich schon auf den Fluren. Es ist sehr schwer, sie zu ruhigem Zuhören, zu konzentriertem Spiel oder zu ruhiger „Stillarbeit" zu bewegen. Fernseheindrücke des vergangenen Abends, hektischer Tagesbeginn mit den gestreßten Eltern, Lärm und Gefahr im Straßenverkehr – viele dieser Faktoren belasten unsere Kinder schon am frühen Morgen.

Ich möchte eine Möglichkeit beschreiben, wie wir an einem Morgen im Winter mit den Kindern gemeinsam einen Raum der Ruhe schaffen können – einen Bereich, der allmählich zu kreativen Beschäftigungsabläufen innerhalb der Gemeinschaft führen kann.

Die Kinder liegen entspannt auf warmen Wolldecken auf dem Boden. Der Raum kann etwas abgedunkelt werden, vielleicht können wir ein paar Kerzen aufstellen. Sie lauschen den ruhigen Worten der Erzieherin:

„Es ist noch ziemlich dunkel und kalt. Wir freuen uns, daß wir so gemütlich in dem warmen Raum liegen (sitzen) können. Draußen ziehen dicke graue Schneewolken tief über die Dächer. Die hohe Tanne im Garten streckt ihre dunklen Zweige in den kalten Wintermorgen hinein. Es ist so windstill, daß die Zweige sich gar nicht bewegen. – Nur ein paar Spatzen tschilpen noch in der Regenrinne, und eine Krähe krächzt oben auf der Tannenspitze.

Sonst ist es ruhig. Wir werden auch ganz ruhig. Unsere Arme und Beine bewegen sich nicht mehr. Ganz still ist es. Wir fühlen uns ganz wohl. Wir können die Augen schließen. – Nur in der Ferne tutet noch ein Auto. Das hören wir fast gar nicht mehr. Wir beobachten, wie ein Vogel mit ruhigem Flügelschlag um die Tanne herumfliegt. Es ist eine Taube, eine schöne sanfte Taube mit grauem Gefieder und zarten rosa Federn auf der Brust. Sie setzt sich auf einen Tannenzweig. ‚Ruckedigu', ruft sie, und noch einmal ‚ruckedigu'. – Das klingt leise und beruhigend. Langsam fängt es an zu schneien. Die Schneeflocken rieseln herab. Wie ein feiner weißer Schleier sieht das aus. – Immer mehr Schneeflocken tanzen vor unseren Augen. Sie setzen sich auf die Zweige der Tanne, auf den Zaun, auf die Dächer. Sie hüllen die Steine und das Gras in eine weiße Decke ein. – Ganz still ist es draußen. Die Spatzen in der Regenrinne tschilpen nicht mehr, die Krähe krächzt nicht mehr. Auch die Taube ruft nicht mehr ihr ‚ruckedigu'.

Draußen rieseln immer noch die Schneeflocken leise herab, mehr und mehr. Nun sind wir ganz ruhig. Unser Atem geht langsam und gleichmäßig.

Nun machen wir die Augen wieder auf. Wir recken und strecken die Arme. Wir lassen mit den Fingern ganz langsam weiße Flocken herniedertanzen. – Jetzt stehen wir auf. Draußen schneit es noch

immer. – Wir gehen leise an die Tische und nehmen uns vorsichtig ein Stück Seidenpapier. Das ist fast so leicht und zart wie eine Schneeflocke. Darum müssen wir ganz vorsichtig damit umgehen. – Wir reißen es vorsichtig in viele kleine Teile. Nun können wir selbst unsere Schneeflocken sanft herumtanzen lassen. Florian und Tanja legen sich auf den Boden. Sie schließen die Augen. Wir wollen sie mit unseren Schneeflocken einschneien lassen. Florian und Tanja erzählen uns, auf welchen Teilen des Körpers sie die Schneeflocken gespürt haben: auf der Nase, auf den Ohren, auf den Händen.
Ich habe noch andere weiche Schneeflocken für euch mitgebracht. Die hat uns ein Tier, eine Gans oder eine Ente, geschenkt (Federn). Jetzt legen wir uns alle nochmal hin, und ich lasse ein paar Schneeflockenfedern auf euch herunterrieseln. – Nach einer Weile darf jeder seine ‚Schneeflocken' hochpusten. Wir stehen vorsichtig auf und sammeln alle Schneeflocken zusammen. Keine Schneeflocke darf zertrampelt werden.
Wer kann uns jetzt mit dem ganzen Körper zeigen, wie eine Schneeflocke schweben, tanzen und gleiten kann?"

Einige Kinder bekommen ein durchsichtiges Tülltuch (alte Gardine). Damit tanzen und wirbeln sie im Innenkreis herum, während alle zuschauen. Die Schneeflockentänzer wechseln sich ab. Es sollten nicht zu viele Kinder tanzen, damit die Leichtigkeit des Schwebens und Tanzens nicht verlorengeht. Anschließend können wir einen Schneemann auf blaues Papier kleben oder mit Fingerfarben malen und viele Flocken niederrieseln lassen.

Wir werden warm durch Bewegung

„Heute dauert es aber lange, bis der Bus kommt!" ruft Martin. „Ich hab' schon ganz eisige Füße, und meine Hände sind richtige Eisklumpen!" – „Spring ein paarmal hin und her", sagt die Mutter. „Dann wirst du wärmer! – Reib die Hände aneinander und klatsch sie ganz doll zusammen!"
„Das hilft wirklich!" ruft Martin. – Der Großvater neben ihm meint: „Schade, daß ich nicht so hoch hüpfen kann wie du! Ich zittere schon richtig vor Kälte."
„Das Zittern und Klappern hilft dem Körper auch, wenn man so friert", meint die Mutter. „Ich hab' auch schon richtig Gänsehaut! Na, Gott sei Dank, nun kommt endlich der Bus!"

Hintergrundinformation: Wenn wir uns bei großer Kälte im Freien aufhalten, sinkt unsere Körpertemperatur, die möglichst gleich bleiben muß (37°), ab. Da schlagen unsere Sinnesorgane „Alarm". – Es ist für den Körper gefährlich, wenn die Temperatur absinkt. – Ohne daß wir es wollen, fangen wir an zu zittern, wir klappern mit den Zähnen, wir bekommen eine „Gänsehaut". – Dabei richten sich die vielen kleinen Härchen auf der Haut auf. Sie wirken wie eine Art „Isolierschicht". Ähnlich machen es die Vögel mit ihrem dichten Federkleid, wenn sie sich im Winter aufplustern. – Wenn wir uns bewegen und unsere Hände reiben, dann erzeugen wir Wärme.
Das Blut läuft schneller durch unsere Adern bis in die feinsten Körperendungen, bis in die Fingerspitzen, Zehen, Nase.
Siehe: F. Naroska, Mein Winterbuch, Verlag Herder.

Kapitel 2: Von den Tieren im Winter

Von hungrigen Vögeln, von Bärchens langem Winterschlaf, und von den Feldmäusen in ihrem Winterhaus

Von hungrigen Vögeln, Hasen und Rehen und vom Winterschlaf mancher Tiere

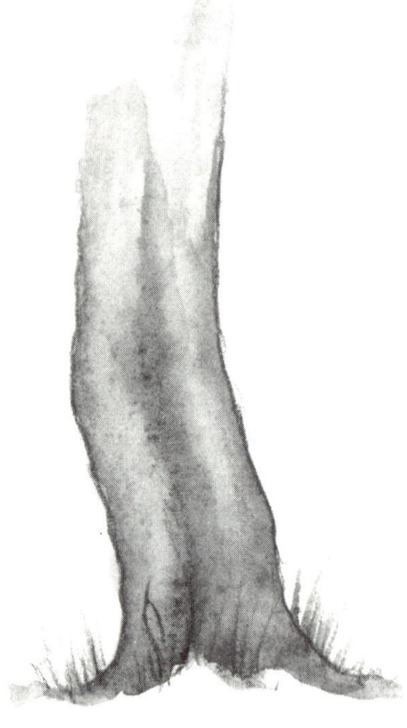

Mit Eis und Schnee ist der Winter eingezogen. Wir Menschen suchen Wärme und Schutz in unseren Häusern. – Die Tiere ziehen sich in ihre Höhlen und Nester zurück. – Viele Vögel sind in den Herbstwochen auf ihre weite Reise in den Süden gezogen. Aber viele Vogelarten und auch viele Tiere des Waldes verbringen den Winter bei uns. – Auf unterschiedliche Weise überstehen die Tiere die Winterzeit. Eine ganze Reihe von Tieren hält „Winterschlaf", z.B. Igel, Hamster, Murmeltier, Siebenschläfer und Fledermaus. – Die Körpertemperatur dieser Tiere sinkt dann auf die Temperatur der Umgebung ab, die Atmung ist sehr langsam. Die Tiere müssen sich im Herbst einen dicken „Winterbauch" anfressen. Sie ernähren sich während des Winterschlafes von ihrem Körperfett. – Wenn der Hamster im März/April erwacht, findet er draußen auf den Feldern noch nichts Nahrhaftes. So bleibt er in seinem Bau und ernährt sich von den Vorräten aus seiner „Hamsterkammer" (Körner), die er im Herbst gesammelt hat.

Das große Heer der Insekten, Amphibien und Reptilien übersteht den Winter im Boden, in Laub- und Reisighaufen, in Baumhöhlen, Scheunen oder auf dem Dachboden. – Viele überdauern den Winter als Eier, Puppen oder Larven. – Manche Tiere wie Haselmaus und Eichhörnchen halten keinen Winterschlaf, sondern nur Winterruhe. Sie haben sich im Herbst Vorräte aus Nüssen, Eicheln oder Kastanien angelegt. Während der kalten Jahreszeit wachen sie ab und zu auf und graben sich ihre „Winterschätze" aus.

Eine der Lieblingstiere unserer Kinder, der Bär (Braunbär), ist ein Winterruher. Er verbringt den Winter in einer Winterhöhle, die er sich im Herbst gegraben hat. Dort wirft die Bärin ein bis drei kleine Bären,

Zum Thema: „Wie überwintern Pflanzen und Bäume" gibt es viele Hinweise in: Friedrich Naroska, Mein Winterbuch, Verlag Herder. Über Jungvögel finden Sie Sachhinweise in: B. Cratzius, Uns gefällt die Herbstzeit, S. 40/41, Verlag Herder.

die vier Wochen lang blind sind und erst nach drei Monaten die Winterhöhle verlassen. Die Hasen, Rehe und Hirsche in unseren Wäldern leiden sehr unter Hunger und Kälte. Gras und Kohl liegen vergraben unter einer dicken Schneedecke. Da wagen sich Kaninchen, Hasen, sogar die scheuenden Rehe oft bis in die Nähe unserer Häuser und plündern die Reste in unseren Gemüsegärten. – Es ist reizvoll, die Spuren dieser Tiere im Schnee zu beobachten. – Wir können sogar feststellen, ob ein Tier ruhig dahingezogen ist oder in großen Sprüngen flüchtet (siehe S. 8).
Manche Tiere verändern im Winter die Farbe ihres Fells, um sich der Farbe der Umgebung, dem Weiß des Schnees anzupassen. – Das Wiesel verliert im Winter sein rotbraunes Fell und wird schneeweiß. Dann nennt man es Hermelin. – Auch der Schneehase verliert im Winter sein braungraues Sommerfell. Er trägt im Winter ein weißes Winterfell. Auch die Schneehühner wechseln ihr Federkleid, sie sind im Winter fast ganz schneeweiß.
Wenn Eis und Schnee das Land bedecken, beginnt für unsere einheimischen Vögel eine schwere Zeit. Schon eine einzige Frostnacht, ein Wintertag ohne Nahrung, kann für sie den Tod bedeuten. Dann ist es wichtig, daß wir unseren Vögeln helfen, den kalten Winter zu überstehen.
Eine Futterstelle im Garten, auf der Terrasse, vor dem Fenster, kann den Vögeln nützen, aber auch schaden. Wir dürfen unser Vogelhäuschen nicht zu früh aufstellen. Im Herbst ist der Tisch für unsere einheimischen Vögel draußen in der Natur noch reich gedeckt. Sie finden Beeren, Samen und Kleinstlebewesen. Erst wenn der Boden gefroren ist, sollten wir den Vögeln Futter anbieten. Dabei müssen wir darauf achten, daß wir ihnen keine Essensreste geben. Quellende Stoffe, auch das für Vögel gefährliche Salz, sind im Brot und Zwieback enthalten. Auch gesalzene Nüsse dürfen wir nicht verfüttern.
Die meisten unserer überwinternden Vögel sind Kör-

nerfresser. Für größere Vögel eignen sich Sonnenblumenkerne, für die kleineren Hirse. – Im Handel gibt es fertige Körnermischungen. Wir können aber auch selbst eine Futterglocke herstellen. Dazu benutzen wir eine halbe Kokosnußschale. Wir schieben durch ein Bohrloch einen Rundstab, den wir innen mit einer Leiste befestigen. Dieser Rundstab dient den Vögeln, besonders den geschickten Meisen, als Anflugstange. In die Kokosnußschale füllen wir erhitztes Rindertalg, das mit Körnern, Nüssen, Haferflocken, Weizenkleie und Kerne vermischt ist.

Diese Futterglocke oder auch fertig gekaufte Futtermischungen hängen wir mit einem Nylonfaden an die kahlen Äste.

Unsere Weichfresser, Amseln, Drosseln und Rotkehlchen, werden auch von dieser Futtermischung picken. Sie brauchen aber auch Rosinen, kleingeschnittenes Obst und Beeren, die wir mit den Kindern pflücken und trocknen können.

Es ist ein großes Vergnügen, mit den Kindern zusammen unseren kleinen Vögeln beim Picken zuzusehen.

Bald lernen die Kinder, die verschiedenen Vogelarten zu unterscheiden. Amseln, Grünfinken, Meisen, Dompfaffen, auch die kleinen scheuen Wintergoldhähnchen, werden den Kindern bald vertraute Gäste sein.

Ärgerlich ist es, wenn die großen Krähen und Möwen, auch die aufdringlichen lauten Elstern, unsere kleinen gefiederten Gäste verscheuchen.

Das passiert aber nur, wenn wir große Essensreste wie Kartoffeln und Gemüse hinausschütten.

Eine Besonderheit bestimmter Vogelarten möchte ich noch erwähnen: Kolkraben und Fichtenkreuzschnäbel brüten mitten im Winter. So hat jede Vogelart ihren eigenen Rhythmus im Jahreskreis; sozusagen ihren eigenen „Kalender“.

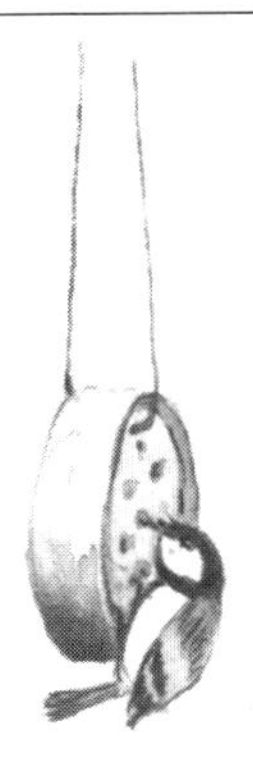

Was frißt und trinkt der Vogel im Winter?

Vielleicht fragen uns die Kinder: Was trinken die Vögel im Winter, wenn Bäche und Flüsse zugefroren sind? Schnee, ja wirklich Schnee. Sie „baden" manchmal auch im Schnee, um lästige Insekten loszuwerden.

Nach der Melodie von:
Es tanzt ein Bi-Ba-Butzemann.

Was fressen unsre Vögel denn,
wenn's draußen friert und schneit?
Was fressen unsre Vögel denn
zur kalten Winterzeit?
Die roten Beeren, harten Kern,
das fressen unsre Vögel gern.
Ihr Vögel, kommt doch alle her,
kein Futterhaus bleibt leer!

Was trinken unsre Vögel denn,
wenn's draußen friert und schneit?
Was trinken unsre Vögel denn
zur kalten Winterzeit?
Ganz zugefroren ist der See,
sie picken in den weißen Schnee.
Ihr Vögel, ja, der Schnee, der schmeckt,
das habt ihr bald entdeckt.

Ein Vogelring für hungrige Vögel

(nicht nur Meisen)

Ihr braucht: Rindertalg, Kerne, z.B. Sonnenblumenkerne, Apfelkerne usw.

Das Fett wird erhitzt, die Kerne unter Rühren hineingestreut. Ein Blech mit mehreren Lagen Zeitungspapier auslegen, Schachtel- und Dosendeckel draufstellen. Vorsichtig die flüssige Masse hineinschöpfen.
Nach dem Erstarren ein Loch (mit einem Nagel) hineinschlagen, feste Schnur durchziehen.
An solchen „Meisenringen" knabbern übrigens nicht nur die Meisen. Ich habe Spatzen, Dompfaffen, Wintergoldhähnchen, einmal sogar eine hungrige Krähe daran herumknabbern sehen.

Vögel am Futterhaus

Ihr zeichnet den Vogelkörper, die Flügel und den Schwanz aus freier Hand ab oder ihr benutzt ein Kopiergerät, malt alles an und klebt die Teile zusammen. Sorgt dafür, daß einige Vögel nach links, andere nach rechts fliegen.
Aus festen Pappresten bastelt ihr nach eigenem Bauplan ein Vogelhäuschen und verziert es mit einer Schneehaube aus Watte oder weißem Papier.
Ihr könnt die Vögel nach Belieben ans Fenster oder an die Wand hängen.
Das Vogelhaus und die Vögel können – beidseitig bemalt – auch einzeln frei schwebend am Fenster aufgehängt werden.
Die bunten Vögel sind auch ein hübscher Baumschmuck für Tannenzweige und für den Tannenbaum in der Weihnachtszeit.

H. Schauder

Haselmaus, wo steckst denn du?

Die Kinder erfahren Einzelheiten vom Winterschlaf der Tiere. Einige der Winterschläfer werden auf größere Memorykarten gemalt und rings im Raum versteckt.
Die Kinder sitzen im Kreis. Die Erzieherin nennt nacheinander die verschiedenen Tiere (z.B. Haselmaus, Igel, Bär, Schnecke, Frosch, Fledermaus usw.).

Haselmaus hält Winterruh,
Haselmaus, wo steckst denn du?

Die Kinder gehen durch den Raum und suchen die entsprechende Tierkarte. Wenn ein Kind das Tierbild entdeckt hat, setzt es sich still wieder in den Kreis, ohne das Versteck zu verraten. Wenn alle Kinder sitzen, ruft die Erzieherin ein Kind auf, das die Karte holen darf.

Stefanie, du darfst jetzt gehn,
wir wolln die Haselmaus alle sehn!

Das Spiel geht weiter, bis alle Memorykarten eingesammelt sind.

Wenn das Eichhörnchen Winterschlaf hält

Schnell noch fünf Kastanien suchen,
bei den Eichen, bei den Buchen.

Zeigefinger der rechten Hand stubst die fünf Finger der linken Hand an.

Dann die Nüsse gut vergraben,
daß wir was zu beißen haben.

Mit dem Zeigefinger „scharren".

Oh – was kann ich da entdecken!
Tannenzapfen, wie die schmecken!

Linke hochgestreckte Hand ist der Tannenzapfen, an dem der rechte Zeigefinger „knabbert".

Kletter, kletter, immer weiter,
das geht schnell wie auf der Leiter.

Rechter Zeigefinger klettert den hochgereckten linken Arm entlang.

Hoch im Baum hab' ich mein Nest,
wo sich's gut träumen läßt.

Linke Hand zum Nest formen, rechter Zeigefinger schlüpft hinein.

Da schlüpf' ich ganz schnell hinein,
Wind, dich laß' ich nicht herein!

Nun mach' ich die Augen zu,
und ich schlaf' in guter Ruh.

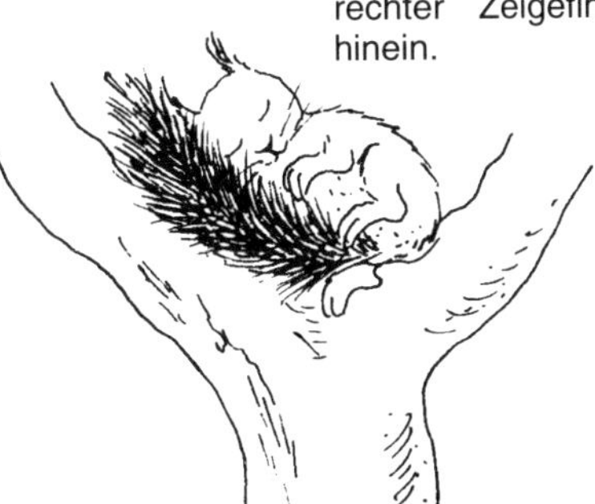

Vogel-Rätsel

Ein grauer „Hans-Dampf in allen Gassen“

Wer lärmt denn da am Futterhaus?
So schaut doch mal zum Fenster raus!
Das tschilpt und zetert ohne Ruh,
das schwirrt und flattert immerzu.
Von Kopf bis Fuß ganz grisegrau,
das sind die ..., komm und schau!

(Spatzen)

Sperling, Spatz, sehr gesellig, kommt im Winter regelmäßig ans Futterhäuschen, nimmt im Sommer gern Sandbäder, weltweite Verbreitung, nistet in Mauerhöhlen, unter dem Dach, auch im Unterbau von Storchennestern.

Ein schwarzer Regenwurmsucher

Dieser Vogel ist nicht scheu,
hüpft zum Futter schnell herbei.
Dak, dak, tix – ich bin schon hier,
fort – denn das ist mein Revier!
Schwarz ist sie von Kopf bis Kragen,
kannst du ihren Namen sagen?

(Amsel)

Amsel, verteidigt „ihre“ winterlichen Futterplätze mit lautem dak, dak, tix, tix, baut ihr Nest in Büschen und Hecken, aber auch in Blumenkästen, Balkons, Mauernischen. Sie ist so wenig scheu, daß sie sich beim Umgraben des Gartens auf den Rand des Spatens setzen kann, um ganz schnell einen Regenwurm zu erwischen.

Ein schwarz-weiß geschickter Meisterturner

Kopfüber, kopfunter,
so flink und so munter.
Die Kehle schwarz, die Backen weiß,
ach, helft uns doch in Schnee und Eis!
Was piept da, zart und leise,
das ist die kleine ... (Meise)

Kohlmeise, in Scharen flattern sie um unsere Futterplätze, auf der Suche nach Nistplätzchen sind sie sehr erfinderisch, brüten zum Teil in eisernen Rohren und Briefkästen.

Ein eifriger hübscher Sänger

Was blitzt da rot im Schnee
und hebt das Schwänzchen in die Höh?
Da knickst und hüpft es her und hin,
ganz rot die Brust und auch das Kinn.
Nun rate du, es ist nicht schwer!
Das ... hüpft vor dir her. (Rotkehlchen)

Rotkehlchen, ein häufiger Besucher von winterlichen Futterstellen, knickst häufig beim Hüpfen, rundliche Gestalt, ruft scharf tick, tick, kann melodisch flöten bis zur Abenddämmerung.

Ein schwarzer Geselle

Ihr seht sie in großen Schwärmen,
wie sie krächzen, schreien, lärmen.
Schwarze Federn schimmern blau,
ihr seht es von nah genau.
Gegen Abend nach und nach
treffen sie sich auf dem Dach.
Fliegen dann zu Schlaf und Traum,
hoch auf ihren „Krähenbaum".
Sitzen oben dicht an dicht
bis zum ersten Morgenlicht. (Saatkrähe)

Saatkrähen, sehr gesellig, brüten in großen Kolonien, nützliche Tiere, vertilgen Raupen, Würmer, Schnecken, Mäuse.

Ein schwarz-weißer Eierdieb

Schicker, schäcker, gicker, gäcker,
sie kennt keine schönen Lieder.
Schwarz und weiß ist ihr Gefieder.
Ach – die kleinen Vögel fliehen,
sehen sie den Räuber ziehen.
Weh – die bösen frechen Riesen
stelzen wackelnd auf den Wiesen.
Bewacht nur eure Nester gut.
Seid vor der ... auf der Hut! (Elster)

Elster, Nesträuber, läuft wackelnd auf dem Boden, langschwänziger, scheuer Vogel, der laut keckert.

Ein geschickter Baumläufer

Hoch den Stamm und wieder runter
klettert er ganz flink und munter.
Blauer Rücken, roter Bauch,
rotbraun ist die Kehle auch.
Seine Höhle, sehr bequem,
klebt er kleiner – mit Speichel
und Lehm.
Ja, das kann er, der kleine Mann.
Wer mir den Namen wohl sagen kann?

(Kleiber)

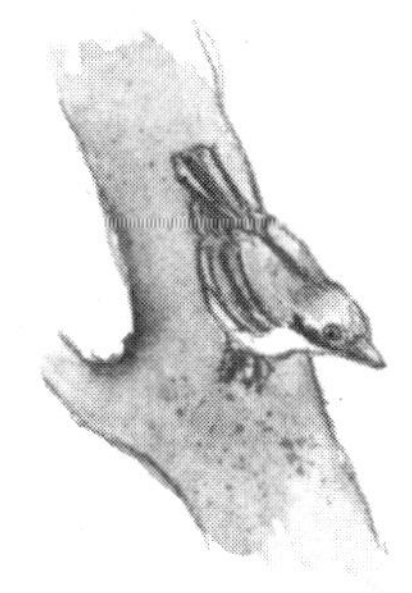

Kleiber, er hat kräftige Füße, besitzt deshalb keinen Stützschwanz wie Spechte und Baumläufer, benutzt Spechthöhlen und Nistkästen, die er mit feuchtem Lehm vom Rand her „verklebt", daß er gerade noch durchschlüpfen kann.

Lied von den Feldmäusen

Text: Barbara Cratzius
Melodie: Volkstümliches Kinderlied
Musikalische Bearbeitung: Ludger Edelkötter

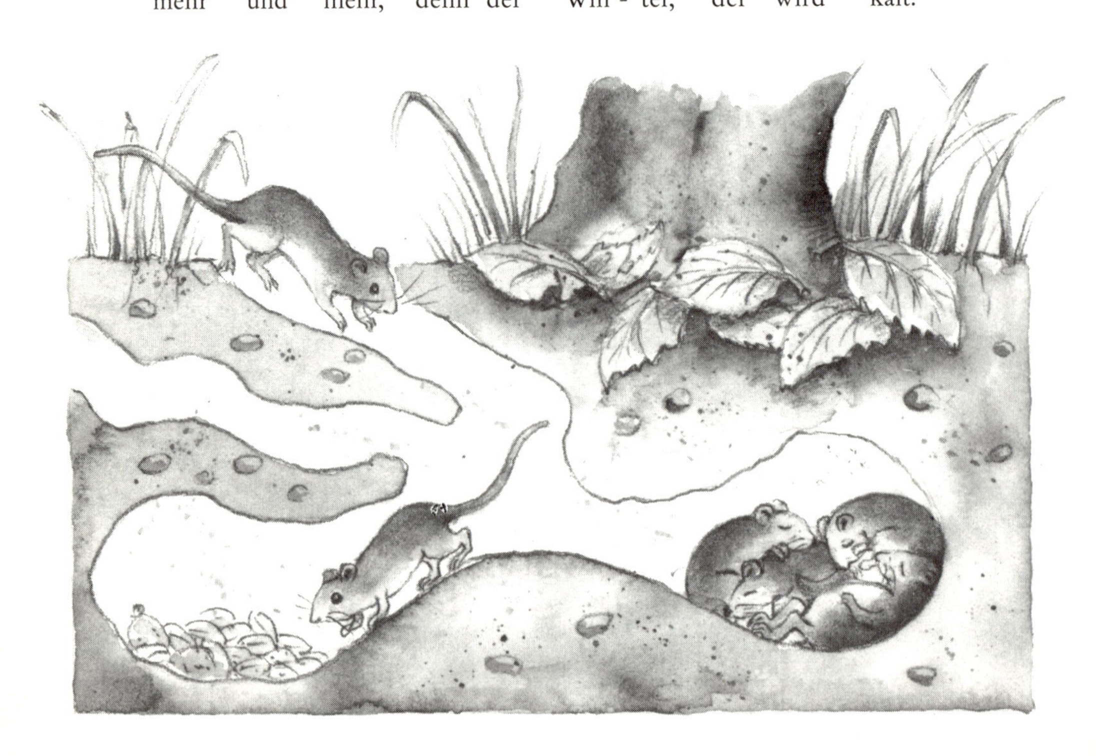

Die kleine Micki-Mäusemaus,
die gräbt sich flink ihr Winterhaus.
Nun die Schätze her,
immer mehr und mehr,
denn der Winter, der wird kalt.

Die kleine Micki-Mäusemaus,
die läuft aufs Stoppelfeld hinaus.
Schnell die Körner her,
immer mehr und mehr,
denn der Winter, der wird kalt.

Die kleine Micki-Mäusemaus
kennt Eis und Schnee – o Weh, o Graus!
Schnell die Nüsse her,
immer mehr und mehr,
denn der Winter, der wird kalt.

Die kleine Micki-Mäusemaus,
die trippelt bis zum Bauernhaus.
Schnell die Äpfel her,
oh, die mag sie sehr,
denn der Winter, der wird kalt.

Die kleine Micki-Mäusemaus,
im Keller – oh – das ist ein Schmaus!
Speck und Käse her,
oh – den mag sie sehr,
denn der Winter, der wird kalt.

Und tobt der Winterwind ums Haus,
dann schläft die kleine Micki-Maus.
Träumt von Käs und Speck,
den klaut keiner weg,
tief in ihrem Mäusenest.

Und fegt der Frühlingswind ums Haus
dann ist es mit dem Schlafen aus.
Trippelt's hin und her,
werden immer mehr.
Tausend Mäuse – bitte sehr!

Spielvorschlag
Die Kinder sitzen im Spielkreis. Die Micki-Maus hockt mit ihrer Mäuseschar unter einem großen Tuch in der Mitte des Kreises. Die Mäuse tragen immer wieder „Schätze" ins Mäusehaus. Dazu trippeln sie in den Außenkreis und holen sich etwas von dem Wintervorrat, den die Kinder bereithalten (Äpfel, Birnen, Nüsse, Körner in kleinen Säckchen usw. ...).
Dann fegt ein Kind als Winterwind (unterstützt von Orff-Instrumenten und Heulen der Kinder) in den Kreis und jagt die Mäuse unter die Decke, wo sie „schlafen" und „schnarchen".
Auf ein Klangsignal (Triangel) hin fegt der Frühlingswind herbei und weckt nacheinander die Mäuse auf, indem er die Decke wegzieht und die Mäuse nacheinander antippt.
Dann werden die Rollen neu besetzt.

Was hast du im Winter gemacht?

Kind: (geht zur Maus)
Maus, was hast du im Winter gemacht,
in der langen, dunklen Winternacht?

Maus: Im Herbst, da bau' ich tief im Feld
ganz lange Gänge, wie mir's gefällt.
Da schleppe ich viele Körner hinein,
nun kann es stürmen und brausen und schnein.
Der lange Winter, der tut weh
mit kaltem Wind, mit Eis und Schnee.
Im Winter will ich nichts hören und sehn,
was soll im Winter denn geschehn?

Kind: Ich mag die Winterzeit so gern,
wenn hell erglänzt der Weihnachtsstern.
Es raschelt geheimnisvoll bei uns im Haus,
wir schauen lang nach dem Nikolaus aus.
Wenn es poltert und rumpelt hinter der Tür,
dann weiß ich: Nikolaus war hier!

Kind: (geht zum Eichhörnchen)
Eichhörnchen, was hast du im Winter gemacht,
in der langen, langen dunklen Nacht?

Eichhörnchen: Ich hab' Nüsse und Eicheln eingegraben,
daran werd' ich im Winter mich laben.
Doch wenn der Eiswind stürmt ums Nest,
dann schlafe ich am liebsten fest.
Im Winter will ich nichts hören und sehn,
was soll im Winter denn geschehn?

Kind: Im Winter kann so viel geschehn,
du sollst unseren Weihnachtsbaum mal sehn.
Mit Äpfel und Nüssen und Kerzenschein,
du wolltest nicht wieder ins Nest hinein.

Kind: (geht zum Bären)
Bär, was hast du im Winter gemacht,
in der langen, dunklen Nacht?

Bär: Da kroch ich in die Höhle tief,
wo ich schon letztes Jahr tief schlief.
Der lange Winter, der tut weh
mit bösem Sturm, mit Eis und Schnee.
Im Winter will ich nichts hören und sehn,
was soll im Winter schon geschehn?

Kind: Im Winter kann so viel geschehn,
da sollst du unsre Krippe mal sehn!
Wir holen Borke und Moos und Holz,
von weither ziehen die Könige stolz.
Die Hirten kommen vom Feld gerannt,
über Steine und Hügel, durch heißen Sand.
Die Schafe auch an der Krippe stehn,
ich hör' sie von weitem stampfen und mäen.
Maria und Josef ganz nahe bei dem Kind.
Wenn alle dann beisammen sind,
dann singen wir unsre Weihnachtslieder,
so schön wird's alle Jahre wieder.

Diese Geschichte kann von den Erziehern vorgelesen werden. Alle Kinder können pantomimisch die Maus, das Eichhörnchen und den Bären spielen. Am Schluß kann gemeinsam die Krippe aufgebaut werden.
Die Kinder können von den Spielszenen auch großflächige Bilder malen, die im Laufe des Vorlesens hochgehalten werden.
Ältere Kinder können das Spiel als Rollenspiel darstellen.

Lied des Bärchens nach dem langen Winterschlaf

Text: Barbara Cratzius
Melodie: Volkstümliches Kinderlied
Musikalische Bearbeitung: Ludger Edelkötter

Brum, brum, brum,
Bärchen, tanz herum.
Wackel hin und wackel her,
Bärentanz, das ist nicht schwer.
Brum, brum, brum,
Bärchen, tanz herum!

Brum, brum, brum,
Bärchen, tanz herum.
Liegt auch überall noch Schnee,
wächst das Gras bald in die Höh.
Brum, brum, brum,
Bärchen, tanz herum!

Brum, brum, brum,
Bärchen, tanz herum.
Bärchen, schnell mal hochgereckt,
hast du's Bienenhaus entdeckt?
Brum, brum, brum,
Bärchen, tanz herum!

Brum, brum, brum,
Bärchen, tanz herum.
Bärchen, du bist ja schon groß,
und der Fischfang geht bald los.
Brum, brum, brum,
Bärchen, tanz herum!

Brum, brum, brum,
Bärchen, tanz herum.
Weißer Winter, geh nach Haus,
bunter Frühling, komm heraus!
Brum, brum, brum,
Bärchen, tanz herum!

Spielimpuls
Bei diesem lustigen Bärenlied können die Kinder im Kreis herumtanzen und pantomimisch die verschiedenen Bewegungen (aufwachen, hochstrecken, Fische fangen) nachahmen.
Wir können Bärenfiguren (siehe Bild) auch auf Pappe aufmalen, ausschneiden und zwei Führungslöcher hineinschneiden. Dann lassen wir ihn auf den Fingern tanzen.

Wenn die Bärenfamilie zum Tanzen geht

Auch als Wandbild oder Mobile

Ihr braucht: Verschiedenfarbiges Tonpapier, Bleistift, Filzstifte, Schere, Klebstoff, Konfetti aus dem Locher.

Bärenfiguren aus mittelbraunem Tonpapier ausschneiden, Nase und Ohren aus dunkelbraunem Tonpapier ausschneiden und aufkleben. Kleider, Mütze und Schleife aus buntem Tonpapier ausschneiden und aufkleben. Augen und Nase schwarz anmalen, Kleid der Bärenfrau mit Konfettikreisen schmücken. Wenn ihr die Figuren beidseitig beklebt, könnt ihr sie als Mobile tanzen lassen. Sie können aber auch am Fenster oder an der Wand hängen und dort ein lustiges Tanzfest feiern. *Idee: A. von Rohden*

Schlaf weiter, kleiner Bimbo!

Bimbo gähnt und reißt die Augen auf. Er hört, wie die kleinen Bärenschwester Wumbi ganz laut schnarcht. Und die Bärenmutter schnarcht natürlich riesig laut.
Bimbos Bauch aber knurrt noch lauter.

Endlich ist der Winter um,
ich bin wach, bim bram, brim brum.
Ich kriech' raus aus unserm Haus,
tapse in die Welt hinaus.
Süßen Honig möcht' ich schlecken,
an den roten Beeren lecken,
und vielleicht noch – rasche-risch,
fang' ich einen fetten Fisch!

brummt Bimbo und tapst aus der warmen Höhle heraus.
Igitt – ist das da draußen ein Schneematsch! Eklig naß ist das an seinen Pfoten! Er wühlt ein bißchen unter dem Schnee. Vielleicht gibt's da noch ein paar Beeren und Pilze! Aber er findet nur Moos und vertrocknetes Gras. Sein Bauch knurrt noch mehr.
Er streckt eine Pfote ins Maul und fängt an, daran zu saugen. Aber das schmeckt auch nicht!
Der Wind braust durch die kahlen Äste der Bäume. Er wirft ihm eine ganze Ladung Schnee auf die Schnauze.

Hör doch auf, du dummer Wind,
ich bin doch Bimbo, das Bärenkind!

brummt Bimbo ganz wütend.
Allmählich wird es dunkel. Bimbo kratzt ein Stück Rinde vom Birkenstamm ab. Igitt – wie bitter das schmeckt! Huhu – heult eine Eule zwischen den Zweigen. Ihre Augen glühen.

Du wagst dich aus der Höhle raus,
marsch, lauf zurück ins warme Haus!
Und kuschel dich an Mutters Fell,
ganz dunkel ist's, nun mach bloß
schnell!

schimpft die Eule.
Da besinnt sich Bimbo nicht mehr lange. In großen Sätzen trabt er durch den knirschenden Schnee. Nichts wie rein in die Höhle! Wie warm Mutters Fell ist! Wie gut die süße Milch schmeckt! Er schmatzt und schmatzt. Dann merkt er noch, wie ihm die Bärenmutter ihre warme Pfote über sein Fell legt. Ganz dicht kuschelt er sich an ihren Bauch. Und schon ist er wieder eingeschlafen.

Lustiger Bärengeburtstagskalender

Ihr braucht: Verschiedenfarbiges Tonpapier oder Bastelfilz, Schleifen, Samtbänder, Bleistift, Schere, Klebstoff, einen Korb mit vielen kleinen Kuschelbären für die Geburtstagskinder.

Bärenform auf Tonpapier oder Bastelfilz aufmalen und ausschneiden. Pfoten, Ohren, Sohlen, Nase und Augen mit dunkelfarbigem Material bekleben, Schleife umbinden. 12 bunte Luftballons aus Tonpapier ausschneiden, mit den 12 Monatsnamen und den Namen der Geburtstagskinder beschriften. Bunte Fäden von den Luftballons zu den Teddypfoten führen.
Teddy mit den Luftballons an die Wand hängen. Den Korb mit den Kuschelbären für die Geburtstagskinder am Faden daneben aufhängen oder danebenstellen.

St. Josefskindergarten, Lenggries

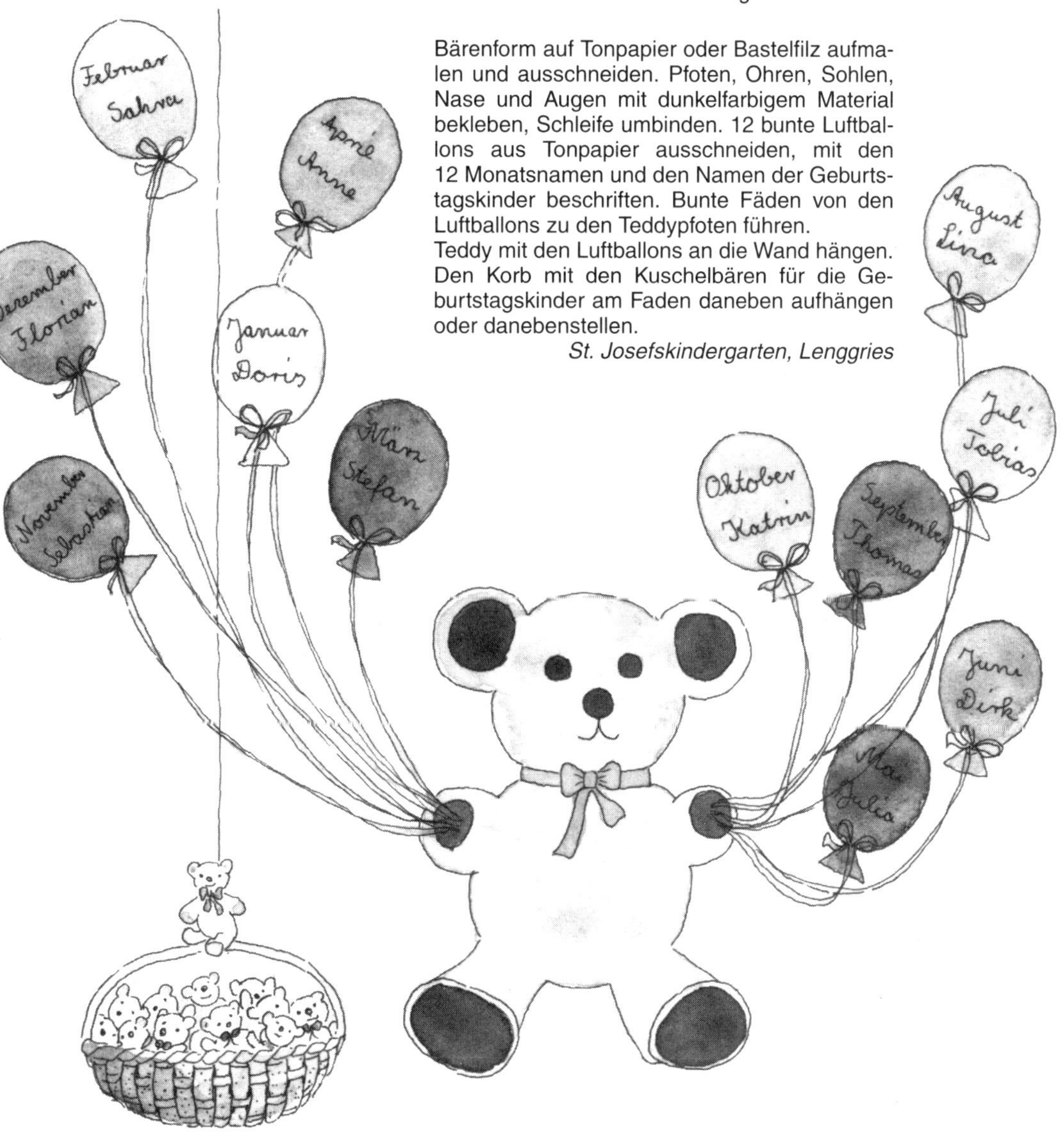

Der Handschuh im Schnee

Nach einem Märchen aus Rußland

Einmal ging ein alter Mann mit seinem Hund in den Winterwald. Er wollte Holz holen. Bitter kalt war es, und seine Nase tropfte. Er holte sein Taschentuch heraus, um sich zu schneuzen. Dabei verlor er einen Handschuh.
Eine kleine Maus trippelte durch den Schnee. Sie sah den warmen Handschuh und dachte: „Das soll mein warmes Winterhäuschen sein!"
Nach einer Weile patschte ein Frosch herbei und fragte: „Wer wohnt denn in dem Häuschen?"
„Grisegrau, das Mäuschen!" piepste die Maus. „Und wer bist du?"
„Ich bin Frosch Glitschegrün, ach bitte, laß mich ein!" bat der Frosch.
„Hüpf nur herein!" piepste das Mäuschen.
Da hoppelte ein Hase mit seiner Frau herbei. „Wer wohnt denn in dem Häuschen?" fragte er.
„Das Mäuschen Grisegrau, das Fröschlein Glitschegrün, und wer bist du?"
„Ich bin der Hase Hakenschlau und habe meine Frau mitgebracht. Dürfen wir hereinkommen?"
Da machten das Mäuslein und der Frosch Platz. Nun kuschelten sich schon vier Tiere in dem engen Handschuh aneinander.
Da schlich der Fuchs herbei. „Wer wohnt denn da im Häuschen?" fragte er.
„Das Mäuschen Grisegrau, das Fröschlein Glitschegrün, der Hase Hakenschlau mit seiner Frau. Und wer bist du?"
„Ich bin der schlaue Fuchs. Darf ich hereinkommen?"
Da machten die Tiere Platz. Nun kuschelten sich schon fünf Tiere in dem engen Handschuh zusammen.
Da kam der große Bär angestampft. „Wer wohnt denn da im Häuschen?" fragte er.
„Das Mäuschen Grisegrau, das Fröschlein Glitsche-

Dieses schöne russische Märchen eignet sich durch die verschiedenen Rollen der Tiere sehr gut zu einem Rollenspiel. Für die Darstellung müßte man allerdings den Handschuh zu einem alten Sack umfunktionieren.
Den Kindern kann zunächst die Geschichte in der angegebenen Prosaform erzählt oder vorgelesen werden, wobei die Kinder sich textgemäß pantomimisch bewegen. Für die Aufführung eignet sich sehr gut auch die folgende Versform. Dadurch entfaltet das Märchen seinen besonderen Reiz (vgl. S. 52).

Spielvorschlag für das Märchen in Versform
Zu Beginn geht ein alter Mann mit einem leeren Sack über der Schulter durch den Wald. Schläge vom Alt-Xylophon können ihn begleiten. Der Hund läuft nebenher (eventuell Hundeohren aus Pappe, dunkle Strumpfhosen).
Der Mann verliert beim umständlichen Naseputzen den Sack, ohne es zu merken.
Nacheinander kommen die Tiere angelaufen. Die Maus kann ein Mäuseschwänzchen und graue Strumpfhosen tragen, der Frosch trägt grüne Strumpfhosen, die Hasen haben lange Hasenohren umgebunden, der Fuchs trägt einen roten Fuchsschwanz. Der Bär kommt mit tapsigen Bärenschritten angestapft. Alle kriechen nacheinander in den

Sack und wärmen sich gegenseitig, bis der Hund sie bellend vertreibt. Das Schneegestöber kann sehr gut mit einem Glockenspiel dargestellt werden. Es ergibt ein sehr poetisches, friedliches Bild, wenn die Kinder eng aneinandergekuschelt in das Schneetreiben hinausschauen. Auch als Puppenspiel oder Fingerspiel kann diese „Freundschaftsgeschichte" dargestellt werden.

grün, der Hase Hakenschlau mit seiner Frau und der schlaue Fuchs. Und wer bist du?"
„Ich bin der Bär. Darf ich hereinkommen?"
Da rückten die Tiere ganz eng zusammen. Draußen fiel der Schnee in dichten Flocken. Sie saßen friedlich beieinander und wärmten sich.
„Wau-wau" machte es auf einmal hinter der großen Birke. Der Hund des alten Mannes hatte den Handschuh aufgespürt.
Da sprangen die Tiere aus dem warmen Haus heraus und suchten das Weite.
Der alte Mann aber wunderte sich: „Habe ich wirklich einen so großen, weiten Handschuh angehabt?"

Aus: B. Cratzius, Nikolaus und Weihnachtsmaus, Loewes-Verlag.

Ich hab's mit eigenen Augen gesehn

Oh – es ist so bitterkalt
in dem großen Winterwald.
Und der Sturm, der heult: Hu-hu!
Und die Eule schreit: Schuh-schu!
Wer geht da durch den Winterwald?
Ein alter Mann – ihm ist so kalt.
Sein Hund, der bellt – o weh – o weh!
Die Pfoten friern in Eis und Schnee!
Fast ist die Nas' dem Mann erfrorn,
er putzt sie, da hat er den Sack verlorn.
Trippelt her 'ne graue Maus
piepst: „Das ist ein warmes Haus!"
Schlüpft hinein:
„Hier ist's fein!"

Pitsche – patsche – pe,
wer patscht da durch den Schnee?
Glitschegrün, der Frosch
mit der großen Gosch.
„Wer wohnt denn da im Häuschen?"
„Grisegrau – das Mäuschen."
„Laß mich bitte, bitte ein!"
„Einverstanden, komm herein!"

Hippel, hoppel, he,
wer hoppelt durch den Schnee?
Das ist der Hase Hakenschlau
mit seiner klugen Hasenfrau.
„Bitte, bitte, laßt uns ein!"
„Einverstanden, kommt herein!"

Schleiche, schleiche, schle,
wer schleicht da durch den Schnee?
Feuerfuchs, der steile Zahn,
der die Gänse jagen kann.
„Bitte, bitte, laßt mich ein!"
„Einverstanden, komm herein!"

Tippe, tappe, te,
wer tappt da durch den Schnee?
Der große Bri-Bra-Brummbär,
der tappt durch Eis und Schnee daher.
„Bitte, bitte, laßt mich ein!"
„Einverstanden, komm herein!"

Die sechs Gesellen, dicht an dicht,
sogar der Fuchs, der Bösewicht
sind alle lieb und still
und keiner bös sein will.

So hocken sie im grauen Haus
und gucken in den Schnee hinaus.
Der Sack schon in den Nähten kracht,
das habt ihr sicher euch gedacht.

Das Glück ist kurz – o weh – o weh,
der Hund, der bellt in Eis und Schnee.
Hurra! Hurra! Hurra!
Der Sack ist wieder da!
Da sind mit Schni – Schna – Schnaufen
die sechs davongelaufen.
Zuletzt das kleine Mäuschen
aus diesem warmen Häuschen.
Drin konnten sich alle Tiere verstehn!
Ich hab's mit eigenen Augen gesehn!
Glaubst du das nicht?

Pinguine oder Bären (Eisbären) als Tischkarten bei einem Kinderfest im Winter

Ihr braucht: Festes Kartonpapier, Schere, Bleistift, Buntstifte.

Tierfigur (wie auf der Abbildung angegeben) durchpausen oder aufzeichnen, bunt anmalen (Königspinguine haben u.a. wunderschön orangen gefärbte Federn). In das weiß gelassene Vorderteil der Tiere die Namen der Kinder oder den Text der Einladung schreiben.
Der Einladungstext könnte heißen:

Wir laden dich ganz herzlich ein,
beim Winterfest zu Gast zu sein.
Wenn's draußen friert
und tüchtig schneit,
sind wir zum Schneeballfest bereit.
Und auch, wenn keine Flocken fallen,
wird es dir doch bei uns gefallen!
Um ... bei ...

Die Tischkarte wird umgekippt, so daß die Pinguine oder Eisbären schaukeln können. Wir können auch eine Eisscholle (aus Styropor) darunterkleben.

Wissenswertes über Pinguine: Die Pinguine sind richtige „Wintertiere". Sie leben nur in der Antarktis am Südpol bei strenger Kälte. Ihr Körper ist durch eine dünne Speckschicht und durch kleine Federn geschützt.
Viele Einzelheiten über das Leben und Brutverhalten der Pinguine sind in meinem Buch: „Mitmachbuch: Mit Tieren durch das Jahr", Christophorus-Verlag 1996 beschrieben.

Enzianblüten sind gefährlich!

Hase Oskar ist ein richtig frecher Schneehase. Er wohnt hoch oben in den Bergen. Sein Fell ist so weiß wie der viele, viele Schnee ringsum.
Oskar braucht sich im Winter nur selten zu verstecken, wenn die Adler hoch über ihm kreisen. Er duckt sich dann einfach tief hinein in den weißen Schnee.
„Ich sehe was, was ihr nicht seht, und das sieht weiß aus", ruft er übermütig den Krähen zu, die hungrig nach Futter schreien.
Aber die Krähen wagen sich nicht an den frechen Oskar mit den gefährlichen Kratzepfoten!
„Hoppla, ich rutsche auf dem Po", schreit er laut, und schon ist er den Abhang bei den Tannen heruntergerutscht. Na, und was ist das? Da hat ihm gerade das Eichhörnchen hoch in den Ästen eine dicke Nuß auf den Kopf geworfen.
„Danke, du bist spitze", ruft Oskar und läßt sich den Kern schmecken.
„Aber du bist überhaupt nicht spitze mit deinem langweiligen Fell", ruft das Eichhörnchen.
„In diesem Winter ist Weiß doch aus der Mode!
Rotbraun ist jetzt gefragt!
Rotbraun, wie mein langer,
buschiger Schwanz,
oder himmelblau
wie der Winterhimmel!"

„Himmelblau!“ seufzt Oskar ganz entzückt. „Wenn ich doch himmelblaue Ohren und eine himmelblaue Blume hätte!“

„Nichts leichter als das“, ruft das Eichhörnchen. „Schau – da drüben am Bach! Da gucken schon die ersten Enzianblüten heraus! Such dir fünf Blüten, das ist ’ne Kleinigkeit! Dann bist du der schönste Hase weit und breit!“

Das läßt sich Oskar nicht zweimal sagen. Nichts wie hingewetzt und runtergemümmelt!

Horrido – was ist das? Ein Rucken – ein Ziehen, in den Ohren, am Schwanz!

Oskar hoppelt zum Bergbach. Er stellt die Ohren hoch: himmelblau! Super! Er dreht sich um. Das Schwänzchen: himmelblau!

„Toll, damit kann ich so richtig vor allen Hasenmädchen angeben“, denkt Oskar.

Plötzlich rauscht ein wilder Flügelschlag über ihm! Der große Adler vom Gletscherberg packt ihn mit seinen riesigen Fängen.

„Hilfe!“ schreit Oskar – da ist er aufgewacht.

Und alles ist weiß an ihm, wollweiß, schneeweiß, wäscheweiß – weißer geht’s nicht!

„Und so soll’s auch bleiben“, ruft Oskar und macht drei riesenhohe Schneehopsersprünge.

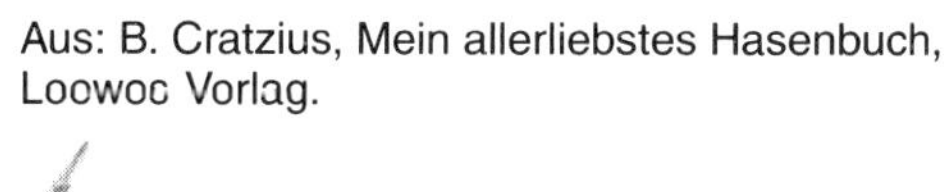

Aus: B. Cratzius, Mein allerliebstes Hasenbuch, Loowoc Vorlag.

Kapitel 3: Weihnachten überall in der Welt

Von den Rentieren, dem Nikolaus, den Drei Königen, den nordischen Weihnachtszwergen und der Neujahrstanne

Wie die Menschen in Spanien Weihnachten feiern

Vorbemerkung: Unsere Kindergruppen in Kindergarten und Schule sind durch die Kinder deutschstämmiger Aussiedler und Kinder von Gastarbeitern aus den verschiedenen Ländern sehr unterschiedlich zusammengesetzt. Viele Kinder bringen ihre eigenen Bräuche aus verschiedenen Kulturkreisen mit. Manche wachsen konfessionslos, ohne christliche Traditionen auf, oder sie gehören anderen Religionsgemeinschaften an. – Im Kindergarten und in der Schule bietet sich die Chance, eigene Traditionen mit den Kindern zu entwickeln.
Das gemeinsame Singen, Theater spielen, Malen, Basteln, Plätzchen backen, das sind Rituale, die Kinder aus verschiedenen Kulturkreisen ansprechen und zusammenführen.
In meinem Buch: B. Cratzius, Das Mitmachbuch zur Weihnachtszeit, Christophorus-Verlag, finden sich viele Vorschläge, wie man mit Kindern aus verschiedenen Kulturkreisen in der Weihnachtszeit gemeinsam Speisen zubereiten, basteln, singen und erzählen kann.
Die Kinder in meinen Gruppen, die aus verschiedenen Ländern kamen, haben sich morgens, wenn es draußen noch ganz schummrig war, immer gewünscht, eine Kerzenstunde zu halten. Da hieß es nicht: „Mit Streichhölzern spielen ist verboten!" – Vorsichtig und geschickt durfte sich jedes Kind seine Kerze auf seinem Platz anzünden ... Und dann las oder erzählte ich eine weihnachtliche Geschichte. Das war für alle ein besinnlicher, ruhiger Tagesbeginn in der Hektik der Vorweihnachtszeit.
Für die Gestaltung von adventlichen Feierstunden mit Kindern ist es wichtig, über die Bräuche in den verschiedenen Kulturkreisen Bescheid zu wissen. Dazu stelle ich im folgenden Weihnachtsbräuche aus verschiedenen Ländern vor.

Spanien – ein Weihnachtsland

Impressionen aus meiner 6jährigen Tätigkeit als Lehrerin an einer deutschen Auslandsschule in Madrid

Spanien – das ist nicht nur blutiger Stierkampf und wilder Flamenco und heisere Zigeunergesänge. Spanien ist vor allem auch das Land der großen Maler: Aus dem 16./17./18. Jahrhundert sind da unter vielen anderen Künstlern Velasquez, Goya und Murillo zu nennen; in neuerer Zeit Picasso, Miró und Dali. – Fast alle diese großen Maler haben immer wieder das Geschehen der Weihnacht dargestellt: die Verkündigung durch den Engel, die Hirten auf dem Felde, das Kind im Stall auf dem Schoß der Mutter – Bilder, wie sie uns der Evangelist Lukas überliefert hat. Auch der Zug und die Anbetung der drei heiligen Könige aus dem Morgenland – nach dem Evangelisten Matthäus – ist immer wieder auf Gemälden und Altären dargestellt worden.
Auf unserer letzten Spanienreise ist mir dieses Land beim Betrachten der weihnachtlichen Motive wieder zu einer Art „Weihnachtsland“ geworden, wenn auch ohne deutschen Tannenduft, ohne Schnee und Lametta. – Wir haben immer wieder voller Begeisterung die weihnachtlichen Bilder betrachtet: auf den uralten Holzaltären kleiner Dorfkirchen in Andalusien, auf den bunt bemalten Kacheln, den „asulejos“, die in jeder Region andere Farben und Motive zeigen, an den Fassaden alter Kirchen, den riesigen Kathedralen von Sevilla und Toledo und im Prado-Museum in Madrid. Nicht zuletzt auf den rührend-bunten Briefmarken, die wir in unserer Spanien-Zeit oft verschickt haben.
Von dieser weihnachtlichen Bilderwelt können wir uns jedes Jahr wieder neu inspirieren lassen, wenn wir mit den Kindern in der Weihnachtszeit singen, malen, spielen, basteln.

Ein Kind erzählt

Carmen ist noch nicht lange in der Kindergruppe. Sie kommt aus Madrid. Ihr Vater arbeitet in Deutschland in einer Autowerkstatt.
Die Kinder hören aufmerksam zu, als Carmen erzählt, wie sie in Spanien das Weihnachtsfest feiert:
„Schon lange vor dem Fest sind wir am Wochenende in die Dörfer gefahren und haben uns die schönen Krippenfiguren angeguckt." ‚Belén' (das ist die spanische Form des Namens Bethlehem), so heißen in Spanien diese wunderschönen Krippen. Dazu werden auf dem Dorfplatz große Figuren um die Krippe herum aufgebaut. Maria und Josef, die Hirten und die Könige und viele, viele Tiere. Einmal habe ich ein Krippenbild gesehen, da floß eine winzige kleine Quelle zwischen den Tieren entlang. Die hat man oben vom Bach über die hohen Steine geleitet. Das sah wunderschön aus mit den alten Olivenbäumen und dem Moos. Und ein ganz großer Engel hat neben der Krippe gestanden.
Zu Weihnachten singen wir bei uns lustige Weihnachtslieder. Die heißen „villancicos". Das sind richtige Tanzlieder. – Am Heiligen Abend versammeln wir uns alle zum Truthahnessen zu Haus. Es gibt Mandelsuppe und Kastanien und viel süßes Marzipan. In der Heiligen Nacht gehen unsere Familien zur Mitternachtsmesse. An manchen Plätzen in Madrid leuchten dann Kohlenfeuer, und die Menschen tanzen drum herum. Alle sind fröhlich, weil das Christuskind geboren ist."
„Wann kriegt ihr denn eure Geschenke?" fragt Michael. – „Die gibt es bei uns in Spanien erst am Dreikönigstag", sagt Carmen. „Dann stecken wir Stroh in unsere Schuhe und stellen sie vor die Tür. Die Pferde der Heiligen Drei Könige sind nämlich hungrig und müde auf ihrer langen Reise nach Bethlehem.
Am 6. Januar gehen wir in die Innenstadt. Dort ziehen die Heiligen Drei Könige durch das große Tor an dem schönen Springbrunnen vorbei. Wir können den lan-

gen Zug bewundern. Die Könige sind ganz festlich angezogen, und die Pferde sind geschmückt. Besonders schön fand ich immer den Mohrenkönig mit seinem prächtigen Turban. Der hat mir einmal ganz viele Bonbons zugeworfen.
Dieses Jahre fahren wir zu Weihnachten wieder nach Haus. Ich freue mich schon auf die lustigen Lieder und Tänze und vielen bunten Lichter auf den Balkons."

Die Könige auf dem Weg zur Krippe

Ihr braucht: Filzreste, Reste von Goldpapier, Borten und Samt, Buntstifte, Klebe, Schere.

Ihr schneidet die Grundformen der Mäntel und der Ärmel zu, klebt sie auf und verziert sie mit selbstklebenden Sternen. Dann malt ihr die Gesichter, die Füße, Hände und Geschenke mit Buntstiften aus oder schneidet sie aus Filz aus. Nun klebt ihr die Kopfbedeckungen auf. Am Schluß werden der Himmel, der Sand und der Weihnachtsstern dazugemalt.

(I. Madl, Kindergarten Maria Ward, Pfarrkirchen)

Wie die Menschen in Italien Weihnachten feiern

Roberto stammt aus Italien, aus Assisi. Er lebt schon lange mit seinen Eltern in Deutschland. Aber er kann sich noch gut an die Weihnachtszeit in Italien erinnert. Er erzählt:

„Das Schönste waren immer die großen Krippen in den Wohnungen und in der Kirche“, erzählt er. Der Heilige Franz von Assisi ist vor vielen Jahren mit den Bauern und ihren Tieren hinauf in die Berge gezogen und hat dort das Weihnachtsfest mit ihnen gefeiert. Seitdem schmücken wir die Krippen, die ‘presepios’, wunderschön aus. Das gibt einen richtigen Wettstreit zwischen den Nachbarn, wer die schönste Krippe hat. Unsere Geschenke bekommen wir aber erst am 6. Januar. Da kommt nämlich die Dreikönigshexe, die ‘Befana’ zu uns. Das ist eine häßliche alte Hexe, aber sie hat die Kinder lieb und tut Gutes. Ihr Name hängt wahrscheinlich mit dem Wort ‘Epiphanias’ (= Erscheinung des Herrn) zusammen.

Es gibt eine Legende, wonach die Befana von den Hirten die Nachricht von der Geburt des Jesuskindes gehört habe. Aber sie sei so spät aufgebrochen, daß sie den Stern von Bethlehem verfehlt habe. Seitdem bringt sie den Kindern die Geschenke ins Haus. Sie hofft, daß sie das Jesuskind vielleicht noch irgendwo finden wird. – Sie kommt durch den Kamin und ist deshalb schwarz vom Ruß.“

Wie die Menschen in Südosteuropa Weihnachten feiern

In Südosteuropa, in Griechenland, Serbien und Bulgarien leben viele Christen, die dem orthodoxen Glauben angehören. Der Heilige Nikolaus wird von der orthodoxen Kirche besonders verehrt. – Elena, die aus Griechenland kommt, erzählt davon in der Kindergruppe:

„Wir feiern das Nikolausfest ganz besonders festlich. Der Nikolaus ist ja der Schutzpatron der Fischer und Seeleute. – Am 6. Dezember gibt es feierliche Umzüge in den Straßen. Bei uns zu Hause, in der Hafenstadt Piräus, werden die Schiffe bunt geschmückt. Die Priester segnen sie. Bei uns in Griechenland kennen wir nicht die geschmückten Weihnachtsbäume wie bei euch. Viele Familien holen sich einen Weihnachtsklotz ins Haus.

Das ist ein ungefähr ein Meter langer Stamm einer Eiche. Der soll dem Haus Glück bringen.

Meine Tante hat lange Zeit in Bulgarien gelebt. Dort war es in vielen Familien Brauch, so einen Klotz aufzustellen. Es wird ein Loch hineingebohrt, etwas Öl hineingegossen und mit duftenden Kräutern oder Weihrauch aufgefüllt. Es gibt ein bulgarisches Weihnachtslied. Darin heißt es, daß der Weihnachtsklotz bis in den Himmel wachsen und dem Christkind als Treppe zur Erde dienen soll. – Bei uns dauert die Weihnachtszeit bis zum Dreikönigstag, dem 6. Januar.

Kleines Nikolausspiel

für eine gemeinsame Feierstunde mit den Eltern in der Vorweihnachtszeit

Die Kinder gehen bei der ersten Strophe im Kreis herum, während der Nikolaus von „weit her" durch den Raum schreitet.

Text: Barbara Cratzius
Melodie: Altes englisches Weihnachtslied
Musikalische Bearbeitung: Ludger Edelkötter

Bei den folgenden Strophen wandert der Nikolaus außen im Kreis in entgegengesetzter Richtung herum, so daß er die einzelnen Kinder anschauen kann.

Ach, Nikolaus, komm, wir warten schon sehr,
ach, Nikolaus, komm, wir warten schon sehr,
sehr, sehr, sehr.
Ach, Nikolaus, komm, wir warten schon sehr.

Der Nikolaus half den Menschen in Not,
der Nikolaus half den Menschen in Not,
Not, Not, Not.
Der Nikolaus half den Menschen in Not.

Der Nikolaus schenkte Korn und auch Brot,
der Nikolaus schenkte Korn und auch Brot,
Korn und Brot.
Der Nikolaus half den Menschen in Not.

Bei den folgenden Strophen setzen die Kinder sich im Kreis nieder, der Nikolaus tritt zwischen die sitzenden Kinder in die Kreismitte und verteilt seine Gaben.

Ach, Nikolaus, komm doch zu uns ins Haus,
ach, Nikolaus, komm doch zu uns ins Haus,
Haus, Haus, Haus.
Ach, Nikolaus, komm doch zu uns ins Haus.

Ach, Nikolaus, leer dein Säckchen doch aus,
ach, Nikolaus, leer dein Säckchen doch aus,
aus, aus, aus.
Ach, Nikolaus, leer dein Säckchen doch aus.

Bei den letzten Strophen stehen die Kinder auf und verteilen an die Eltern die vorbereiteten kleinen Bastelgeschenke.

Wir helfen auch dem Nikolaus,
wir helfen auch dem Nikolaus,
Nikolaus.
Wir helfen auch dem Nikolaus.

Wir tragen unsre Gaben hinaus,
wir tragen unsre Gaben hinaus,
Gaben hinaus.
Wir tragen unsre Gaben hinaus.

Wenn türkische Kinder in der Gruppe sind, können wir ihnen erzählen, daß der heilige Nikolaus in Myra, einer Stadt in Kleinasien, in der heutigen Türkei, Bischof gewesen ist. Eine Erzählung dazu und Spiel- und Singvorschläge siehe S. 80ff.

Kommt mit, nach Bethlehem laßt uns gehen

Text: Barbara Cratzius
Melodie: Aus der Ukraine
Musikalische Bearbeitung: Ludger Edelkötter

Hört ihr die Engel hoch am Himmel singen,
weit übers Feld die frohen Lieder klingen.
Kommt von den Schafen,
wer will noch schlafen?
Hirten zieht zum Stalle,
freuet doch euch alle!

Ihr sollt es heut in Bethlehem verkünden,
kommt her, das heilge Kindlein dort zu finden!
Seht ihr im Dunkeln
Sterne hell funkeln.
Zieht nun hin zum Stalle,
freuet euch doch alle!

Wer kommt daher aus fernen heißen Landen?
Drei weise Herrn den Weg zum Kindlein fanden.
Seht, reiche Gaben
wird's Kindlein haben.
Tretet ein zum Stalle,
freuet euch doch alle!

Seht ihr auch heut den Stern dort oben stehen,
kommt, laßt uns auch den Weg zur Krippe gehen.
Zieht her doch alle
dort in dem Stalle.
Mit den Engelchören
laßt das Loblied hören!

Wie die Tanne zum Neujahrsbaum wurde

frei erzählt nach einem Märchen
aus Rußland

Es war einmal ein schöner grüner Wald, in dem viele verschiedene Bäume wuchsen. Fichten und Tannen, Birken, Buchen, Erlen und Eichen breiteten ihre Äste aus. Die Vögel bauten in den Zweigen ihre Nester. Ihr vielstimmiger Gesang erfüllte die Luft. Bunte Blumen blühten am Wegrand, die Büsche trugen reiche Beeren.
Wenn der Herbst ins Land zog, erschien jedes Jahr ein Mann mit einem langen schneeweißen Bart. Er trug einen großen Sack und einen Korb bei sich und sammelte Beeren und Gräser.
Niemand im Wald kannte ihn. „Wo geht er wohl hin mit seinen Schätzen?" fragten sich die Bäume.
Als der alte Mann im nächsten Herbst wiederkam, faßte eine große Eiche Mut und fragte ihn:

Hör, du kommst jahraus, jahrein,
sammelst viele Schätze ein.
Beeren, Pilze, Tag um Tag.
Wer auf die wohl warten mag?

„Das will ich dir gern verraten", lächelte der alte Mann.

Um Neujahr geh' ich von Haus zu Haus
und teile den Kindern Geschenke aus.
Dann warten sie alle, groß und klein
auf Väterchen Frost, der kommt herein.
Sie singen und tanzen froh im Kreis,
sie zupfen mich am Bart ganz weiß.
Sie rufen alle: Hurra! Hurra!
Ach, Väterchen Frost, so bleib doch da!

Da riefen die Bäume: „Ach Väterchen Frost, das möchten wir auch gar zu gern einmal sehen! Kannst du die Kinder nicht mal in den Wald einladen? Sie sollen um unsere Stämme herum singen und tanzen!"
„Das will ich gern tun", sagte der alte Mann, „aber ihr müßt euch ganz prächtig herausputzen!"

Die Wiesen sollen in Blüten stehn,
laßt euch in schönsten Kleidern sehn!
Um grüne Blätter streift Gräserduft,
der Vögel Lied erfüllt die Luft!

„Das soll ein schönes Fest werden!" riefen die Bäume, die Blumen und die Vögel. Im nächsten Jahr webten die Wiesen einen Blütenteppich, und die Bäume schwenkten ihre Zweige, als ob sie die Kinder herbeiwinken wollten. Noch nie war der Wald so schön gewesen.
Die Jungen und Mädchen spielten Verstecken, sie jubelten und sangen und stopften sich den Mund voll süßer Beeren. Sie mochten gar nicht wieder nach Hause gehen.
So ging auch der Sommer vorüber. „Kommt im Herbst wieder!" riefen ihnen die Bäume zu, „dann schenken wir euch noch viel mehr!"

Als der kühle Herbstwind übers Land fuhr, liefen die Kinder wieder in den Wald. Da riefen ihnen die Eicheln, der Nußbaum, die Eberesche und die Tanne zu:

Nehmt euch mit von unsern Früchten,
Beeren, Zapfen, Eicheln, Nuß,
stopft euch alle Taschen voll,
das ist unser Abschiedsgruß.

Da sagte eines der Kinder: „Wir wollen die Bäume auch einmal zu einem Fest einladen. Sie waren so lieb zu uns!"
Das hörte die große Eiche und sagte zu den anderen Bäumen: „Väterchen Frost soll uns das nächste Mal mitnehmen, wenn er zu den Kindern geht. Das Neujahrsfest wollen wir gemeinsam mit ihnen feiern."
Nun putzten sich die Bäume ganz besonders schön heraus. Die Birke zog sich ein goldgelbes Gewand an, die Eiche ein braunes, die Buche zog sich rote und braune Kleider an. Nur die Tanne blieb grün. Da kam der alte Mann und wurde ganz traurig. Er rief:

Ach, was habt ihr nur gemacht,
sagt, was habt ihr euch gedacht?
Zweige, schlicht und grün und schön
wolln die Kinder zu Neujahr sehn.
Wolln sie mit bunten Kugeln
schmücken,
weh – was muß ich da erblicken!

„Liebes Väterchen Frost", riefen die Bäume ganz ratlos. „Kannst du uns denn gar nicht wieder grün machen?"
„Ich will es versuchen", sagte der alte Mann.

Er blies mit aller Kraft zwischen die Zweige. Da fielen die Blätter herab, eins nach dem anderen. Kahl und leer standen die Bäume da. Nur die Tanne hatte all ihre Nadeln behalten. Die dufteten und glänzten in ihrer grünen Pracht.
Väterchen Frost tröstete die Bäume und rief:

Bäume, seid nicht traurig mehr,
ich zauber' euch weiße Schleier her.
Bald steht ihr im zarten Silbergewand,
das streif' ich über mit sanfter Hand.
Dich, grüne Tanne, nehm' ich
nach Haus,
dich schmücken zu Neujahr
die Kinder aus,
dann kehrst du in den Wald zurück
und erzählst allen Bäumen
von deinem Glück.

So ist es geschehen, daß die grüne Tanne zum Neujahrsbaum geworden ist. Zusammen mit Väterchen Frost kommt sie jedes Jahr zu den Kindern.
Und draußen im Wald stehen die Laubbäume, geschmückt mit weißen Flockenkleidern und warten darauf, daß die Neujahrstanne ihnen vom Fest der Kinder erzählt.

Hei – nun kommt die Winterzeit

Text: Barbara Cratzius
Melodie: Russisches Winterlied
Musikalische Bearbeitung: Ludger Edelkötter

Bleib noch lange liegen, Schnee!
Frost, der tut den Pflanzen weh.
Rot im Ofen glüht die Glut,
Bratäpfel, die schmecken gut!

Hei – die Schlittenfahrt wird toll!
Mischas Schlitten ist ganz voll!
Fedja hör' ich ganz laut schrein,
seht, er wird der erste sein!

Ob der Schnee sich formen läßt?
Kommt – wir feiern Schneeballfest!
Schneemann, dicker, weißer Mann,
wie oft ich dich treffen kann?

Mitten in dem Winter dann,
zünden wir die Kerzen an.
Leuchte, strahle, Neujahrsbaum,
dich seh' ich schon lang im Traum!

Wie die Menschen in England Weihnachten feiern

James ist erst seit einer Woche in Deutschland. Er hat das letzte Weihnachtsfest noch in England gefeiert und erzählt in der Kindergruppe davon:
„Im letzten Jahr durfte ich beim Weihnachtssingen mitmachen. Unser Kinderchor ist durch die Straßen gezogen, und wir haben Christmas Carols, englische Weihnachtslieder, gesungen. Dieser Brauch stammt noch aus der Zeit, als die armen Kinder vor den Türen der Reichen sangen, um eine Gabe zu bekommen.
In vielen Familien schmückt man den Weihnachtsbaum. Außerdem hängen wir an den Türen Mistelzweige auf. Die Vasen schmücken wir mit Stechpalmen. Die bunten Weihnachtskarten hängen wir mit einer Leine im Zimmer oder über dem Kamin auf. – In der Nacht vom 24. auf den 25. Dezember kommt der Santa Claus mit seinem Rentierschlitten vom Nordpol zu uns gefahren. Er rutscht durch den Kamin in die Häuser. Am Kamin und an den Bettpfosten haben wir unsere Strümpfe gehängt. Da stopft der Sante Claus die Geschenke hinein.
Am ersten Weihnachtstag früh ist dann bei uns die Bescherung. Zu Weihnachten gibt es gefüllten Truthahn und Plumpudding zu essen.
Das sieht toll aus, wenn er mit Rum übergossen wird. Das dunkle Zimmer leuchtet dann ganz geheimnisvoll."

Wie die Menschen in Skandinavien Weihnachten feiern

In Dänemark, Schweden, Norwegen und Finnland ist der Winter die dunkelste Zeit im Jahr. Im Dezember muß man schon am frühen Nachmittag das Licht anzünden. – In den südlichen Ländern aber gibt es keinen wesentlichen Unterschied in der Helligkeitsdauer zwischen Sommer und Winter. Das hat mich während der Jahre, die ich mit meiner Familie in Madrid verbrachte, sehr beeindruckt.
Schon vor sehr langer Zeit, als das Christentum im Norden noch gar nicht bekannt war, feierte man dort in der dunklen Winterzeit Lichtfeste. Das Weihnachtsfest heißt in Skandinavien Jul – das Julfest.

Astrid hat mit ihren Eltern in einem Dorf in Südschweden gelebt und wohnt jetzt für einige Zeit in Deutschland. Sie erzählt in der Kindergruppe, wie sie im letzten Jahr am 13. Dezember in ihrer Familie die Lucia gewesen ist:
„Ich habe ein langes weißes Kleid angehabt, und auf dem Kopf trug ich einen grünen Kranz mit vielen brennenden Kerzen drauf. Ich habe als Lucia meinen Eltern und Geschwistern morgens das Frühstück gebracht. Dann durfte ich auch im Kindergarten die Lucia sein. – In der Weihnachtszeit haben wir auch Julklapp gefeiert. Julklapp heißt Weihnachtsklopfen. Wir klopfen bei den Freunden an die Tür, werfen ein schön

verpacktes Geschenk in den Hausflur und verschwinden wieder ganz schnell."
Die Kinder haben aufmerksam zugehört. – Die Erzieherin erzählt dann noch, daß es eine Legende von der schönen Lucia gibt. Lucia heißt „die Leuchtende".
Sie hat vor vielen Jahren in Süditalien gelebt. Sie war eine gläubige Christin und hatte mit Gottes Hilfe ihre Mutter von einer schweren Krankheit geheilt. Ihre Mutter war sehr reich. Lucia verschenkte nach dem Tod ihrer Mutter das Geld an die Armen. – Der Mann, der sie heiraten wollte, wurde sehr wütend darüber, daß sie nun kein Geld mehr hatte und ihn auch nicht heiraten wollte. Er verklagte sie beim Kaiser. Es war nämlich damals verboten, sich zum Christenglauben zu bekennen. Aber Lucia blieb ihrem Glauben treu. Sie wurde gefoltert und getötet. – In Schweden feiert man den Luciatag noch heute in Erinnerung an die standhafte Lucia.
In Dänemark stehen den Menschen in der Weihnachtszeit viele kleine Helfer, die „Julenisser" zur Seite. Das sind kleine hilfreiche Zwerge. Man stellt ihnen als Dank einen Teller mit süßem Haferbrei vor die Tür.
Auch der selbstgebastelte Weihnachtsschmuck spielt in Dänemark eine große Rolle. Der bekannte Märchenerzähler H. Christian Andersen soll das berühmte geflochtene Herz erfunden haben. Er war besonders begabt im Umgang mit Schere und Papier. – Hübsch sind in Skandinavien auch die Julböcke aus Stroh, die am Weihnachtsbaum und an den Fenstern hängen. So ein Julbock soll die bösen Geister fernhalten.

Zum „geflochtenen Herz" siehe „Weihnachtsglöckchen", in: B. Cratzius, Das Weihnachts-Spiel-Spaßbuch, Loewes-Verlag.

Wie die Menschen in den USA Weihnachten feiern

In den USA beginnt die Weihnachtszeit schon lange vor dem 1. November. In den Warenhäusern ertönen wochenlang „Christmas carols“. – Die Schaufenster sind wahre Paradiese aus Spielzeugstädten, Märchenländern und Zwergenreichen.
Henry aus New York erzählt in der Kindergruppe:
„Bei uns ist alles riesengroß und technisch perfekt. Auf einem Platz in New York steht angeblich der höchste Christbaum Amerikas. Aber in anderen Städten werden dann noch größere Tannenbäume aufgestellt.
In vielen Häusern stehen in der Weihnachtszeit Bäume aus Plastik. Aber es gibt auch viele echte Tannenbäume. Sie werden ganz bunt geschmückt und mit vielen farbigen Glühbirnen versehen. Richtige Kerzen sind in Amerika wegen der Feuergefahr im ganzen Land verboten, denn es gibt viele Holzhäuser in Amerika.
In vielen Familien ist es Brauch, daß der Santa Clas die Geschenke durch den Kamin in die Häuser wirft. Die Kinder glauben dann, daß er mit einem Rentierschlitten durch die Lüfte fährt. – In vielen Städten braust er auch im Hubschrauber über die Häuser.“

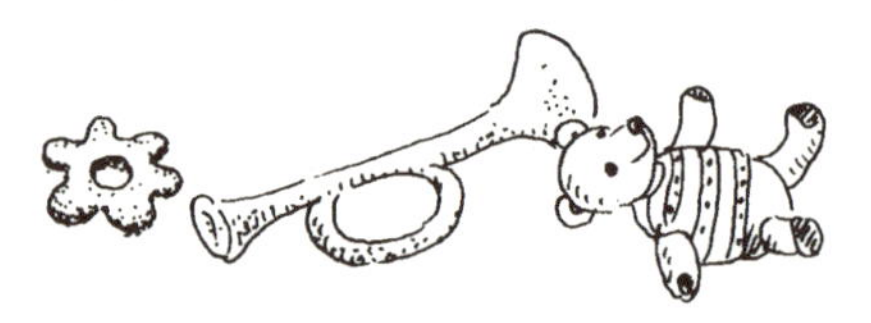

Wie die Menschen in Mittel- und Südamerika Weihnachten feiern

In Mexiko und in den anderen lateinamerikanischen Ländern wird das Weihnachtsfest bei warmem Wetter draußen auf den Feldern und Straßen gefeiert. Die Figur des Christkindes und andere Krippenfiguren werden auf blumengeschmückten Wagen durch die Straßen gefahren.

In Mexiko basteln die Kinder in der Weihnachtszeit eine „Piñata“. Das ist eine lustige bunte Pappfigur, ein Fisch oder ein Vogel. Den Kindern werden die Augen verbunden, dann dürfen sie dreimal mit dem Stock auf die Piñata schlagen. Wenn sie kaputtgeschlagen ist, dürfen die Kinder die kleinen Geschenke und Bonbons aufessen.

Ihr braucht für eine Piñata (eine Vogelfigur): zwei Luftballons, 2 Toilettenpapierrollen, Zeitungspapier, Tapetenkleister, weiße Wandfarbe, Wasserfarbe, Geschenkpapier, Kreppapier, bunte Bänder usw.

Ihr blast einen großen und einen kleinen Ballon auf. Dann rührt ihr den Kleister an und zerreißt das Zeitungspapier in kleine Stücke.

Ihr streicht diese Zeitungsstücke mit Kleister an, legt sie auf den Ballon und streicht sie glatt.

Aus Toilettenrollen schneidet ihr den Hals und den Schnabel zurecht und kleistert sie beide fest (siehe Bild).

Zum Aufhängen müßt ihr noch eine Kordel festkleben. Dann formt ihr den Kamm des Vogels. – Wenn ihr etwa 5 Schichten Zeitungspapier übereinandergeklebt habt, klebt ihr als letzte Schicht Stücke vom Geschenkpapier auf. Die Figur muß zwei Tage trocknen.

Nun schneidet ihr mit spitzem Messer ein Loch hinein. Der Luftballon knallt; ihr zieht ihn heraus und füllt den Vogel mit kleinen Geschenken. Das Loch wird dann später mit buntem Papier zugeklebt. – Nun könnt ihr eure Piñata bunt bemalen und aus Kreppapier „Federn“ und einen Schwanz ankleben.

Schmackhafte Rezepte zur Weihnachtszeit

Weihnachtliche Grüße auf dem Backblech

Wenn in einer Kindergruppe zusammen mit den Eltern der ausländischen Kinder eine Weihnachtsfeier veranstaltet wird, können geschickte Eltern mit Zuckerguß einen weihnachtlichen Gruß jeweils in der Landessprache auf den Lebkuchenteig „schreiben", zum Beispiel: Frohes Fest, Merry Christmas, Feliz Navidad (spanisch), Buon Natale (ital.)

Lebkuchenteig:
500 g Mehl (möglichst Vollkornmehl)
250 g Honig
1 Ei
100 g Butter oder Margarine
etwas Zimt, etwas Vanillepulver, etwas Salz
abgeriebene Schale einer unbehandelten Zitrone.

Honig mit Butter und Mehl unter Rühren erhitzen, Ei unterrühren, Mehl mit den Gewürzen mischen und mit dem Handrührgerät mit der Honigmasse verkneten. Backblech mit Fett ausstreichen, Masse mit einem Teigschaber darauf streichen, ca. 20 Minuten bei etwa 180° backen. Die Teigplatte kann nach dem Auskühlen mit Zuckerschrift (s.o.) verziert werden.
Sehr schön sieht auch ein Winterbild mit Nikolaus und Tannenbäumen aus.

Lustige Figuren aus aller Welt

Kinder aus England, USA, Holland ... könnten Nikolausfiguren, Nikolausstiefel ... ausstechen. Für Kinder aus Italien, Spanien bieten sich u.a. Engelfiguren an.
Türkische Kinder werden vielleicht Vollmonde, Halbmonde, Sterne wählen.

Grundrezept: 300 g Mehl, 1 Päckchen Vanillezucker, 100 g Zucker, 150 g Butter, 1 Ei, etwas Salz, Schale einer unbehandelten Zitrone

1. Mehl, Vanillezucker und Zucker mischen, eine Vertiefung in die Mitte drücken, das Ei, Salz, Zitronenschale und Butterflöckchen dazugeben, zu festem Teig kneten, zu einem Kloß formen, in Folie wickeln.
2. 30—60 Minuten kühl stellen, danach ausrollen, Formen ausstechen, auf ein Blech mit Backtrennpapier legen.
3. Bei ca. 185° 10—12 Minuten hellbraun backen.
4. Plätzchen verzieren mit Zuckerschriftfarben, Sesam, Krokant, Früchten, Mandeln usw.

Kapitel 4: Wir feiern Feste in der Advents- und Weihnachtszeit

vom fleißigen Nikolaus, vom kleinen Engel Gabriel
und von den Tieren an der Krippe

Wenn der Nikolaus kommt

„Mami!“ ruft Michael, „im Kindergarten sieht es jetzt so schön aus! Wir haben schon viel für den Nikolaus gebastelt! Ein großes Fensterbild, wie der Nikolaus durch den Tannenwald stapft. Ich habe eine Tanne geklebt mit vielen Zweigen und einem Vogel drauf. Das sieht stark aus! Und auf den Fensterbrettern stehen 24 Nikolausstiefel, für jeden Adventstag einer. Da sind ganz tolle Überraschungen drin: kleine Teddybärchen, Dino-Sticker und goldene Schokoladentaler. Ich darf heute in einen Stiefel hineingreifen, find' ich gut, gerade am Nikolaustag! – Und dann stechen wir heute noch die Figuren aus Lebkuchenteig aus. Den hat Frau Bauer gestern schon angerührt. Das duftet so gut nach Zimt und Honig! Da wird der Nikolaus sich freuen, wenn er alle die Sterne und Herzen sieht und die schönen gelben Kringel aus Nußteig!“
Im Kindergarten sitzen die Kinder um die große Schale mit den Tannenzapfen und den sechs brennenden roten Kerzen herum. Sie singen noch einmal ihr Nikolauslied; das geht leicht nach der Melodie: „Laßt uns froh und munter sein“. – Michael und Kathrin singen ganz besonders laut.

Nikolaus, Nikolaus, komm herein,
sollst uns sehr willkommen sein!
Schau, bei uns, da brennt das Licht!
Nikolaus, vergiß uns nicht!

Nikolaus, Nikolaus, guter Mann,
hörst du, wie ich singen kann!
Nikolaus, komm in unser Haus!
Leer doch bald dein Säcklein aus!

Bum, bum, bum – klopft es an der Tür. Der kleine Till und Sabine machen ganz ängstliche Gesichter. Michael stößt sie an: „Ihr braucht keine Angst zu haben! Der Nikolaus tut euch bestimmt nichts! Das weiß ich noch

vom letzten Jahr! Der ist ganz nett! Und einen großen Sack schleppt er mit! Da ist für jeden von uns etwas drin!"
Nun tritt der Nikolaus herein. Er trägt einen weiten roten Mantel und eine schön geschmückte Bischofsmütze. Einen langen goldenen Stab hat er in der Hand. Michael denkt: „Irgendwie kommt mir sein Gesicht bekannt vor. Ist das der Vater von Till?" Aber Michael ist sich nicht ganz sicher. Der Nikolaus stellt den großen Sack ab. Dann sagt er:

Ich grüße euch alle in diesem Haus,
ich komme zu euch als St. Nikolaus.
Ich helfe allen, groß und klein,
im Namen Gottes tret' ich herein.

Und dann erzählt er, wie er vor vielen, vielen Jahren in einer Stadt am Meer einer armen Familie geholfen hat:
„In der Stadt Myra lebte einmal ein sehr armer Mann. Seine Frau war ihm gestorben. Auch er war krank geworden und konnte nicht mehr arbeiten. Es war mitten im Winter und bitterkalt.
Der Mann und seine drei Töchter froren sehr in ihrer kleinen Hütte. Sie hatten nichts mehr zu essen. Der Bischof Nikolaus erfuhr von dem Unglück der armen Familie. Er hatte einst vom Kaiser kostbare Münzen und auch drei goldene Äpfel geschenkt bekommen. Die waren mit Edelsteinen geschmückt und glänzten im Licht der vielen Kerzen in der Kirche. Eines Abends steckte er einen Apfel in ein kleines Säckchen. Er wollte nicht, daß das Mondlicht darauf fiel. Heimlich und unbemerkt schlich er sich in das Haus des armen Mannes und warf das Säckchen mit dem goldenen Apfel durchs offene Fenster.
Als der arme Mann am nächsten Morgen den Goldschatz fand, dankte er Gott auf den Knien dafür. Nun brauchten sie nicht mehr zu hungern und zu frieren.
In der nächsten Nacht warf der Bischof wieder einen goldenen Apfel durchs Fenster.
‚Wenn ich nur wüßte, wer uns in unserer großen Not geholfen hat', dachte der arme Mann.
Einige Tage später erwachte er, als wieder ein goldener Apfel auf den Boden seiner Hütte fiel. Er sprang auf und sah einen Schatten im Garten verschwinden. Er eilte ihm nach und warf sich dem Nikolaus vor die Füße.
‚Wie kann ich Euch danken', rief er. ‚Ihr habt uns aus großer Not geholfen!'
‚Dankt nicht mir, sondern dem gütigen Gott!' sagte der Bischof Nikolaus."
Die Kinder haben ganz still zugehört.
Der hereingetretene Nikolaus klopft dreimal mit seinem vergoldeten Stab auf den Boden.

Dann sagt er: „Das ist die Geschichte vom guten Bischof Nikolaus, der vielen Menschen vor langer Zeit geholfen hat. Damit wir den guten Mann nicht vergessen, feiern wir in jedem Jahr am 6. Dezember den Nikolaustag. In seinem Namen bin ich zu euch gekommen! Und viele schöne Dinge habe ich euch mitgebracht."

Er öffnet den großen Sack. Viele kleine bunte Päckchen sind darin.

Als er Michaels Namen vorliest, sagt er: „Ich hab' gehört, daß du euer Nikolauslied so schön singen kannst!"

„Kann ich!" sagt Michael ganz stolz. Eine Strophe mag er besonders gern. Der Opa hat nämlich auf seinem Bauernhof in den Bergen auch einen Esel im Stall, und den mag Michael gern kraulen. Und so singt er ganz laut:

Nikolaus, Nikolaus, guter Mann,
halt doch deinen Esel an.
Gutes Heu, so warm und weich
kriegt der liebe Esel gleich.

„Schön hast du das gesungen", sagt der Nikolaus. „So, und nun will ich noch eure leckeren Nußkringel probieren, und dann muß ich weiter. Es warten nämlich noch so viele Kinder auf mich."

„Auf Wiedersehen!" rufen die Kinder und winken ihm noch lange nach.

Wenn der Nikolaus den Kindern das Spielzeug bringt

Rings im Kreis sitzen die Kinder.
Sie singen das Nikolauslied nach der Melodie:
Hopp, hopp, hopp, Pferdchen, lauf Galopp,
während der Nikolaus herumstapft.

Bum, bum, bum,
Niklaus stapft herum.
Tief im Wald im Niklaushaus
schauen alle nach ihm aus.
Bum, bum, bum,
Niklaus stapft herum.

Bum, bum, bum,
Niklaus stapft herum.
Trägt den Sack ganz groß und schwer,
und die Kinder warten sehr.
Bum, bum, bum,
Niklaus stapft herum.

Bum, bum, bum,
Niklaus stapft herum.
Puppe, Kasper, Teddybär,
bringt er zu den Kindern her.
Bum, bum, bum,
Niklaus stapft herum.

Der Nikolaus tippt nun nacheinander verschiedene Kinder an und ruft ihnen zu: „Du sollst (ihr sollt) eine Puppe sein, ein Roboter, ein Teddybär, eine Schmusekatze, ein Kasperle, ein Hampelmann, ein Äffchen usw.!"
Die betreffenden Kinder bewegen sich nun rollengemäß hinter dem Nikolaus her. Die Puppe kann tänzeln und trippeln, der Roboter macht roboterartige Bewegungen, der Teddybär stapft brummend und schwerfällig, der Kasperle springt armeschwenkend hinterher, die Katze schleicht katzenhaft, das „Autokind" fährt laut brummend, das Steuerrad drehend, hinterher usw.
Wenn die lange Spielzeugschlange mehrmals herumgewandert ist, suchen sich die Spielzeugkinder jeweils ein Kind aus dem Stuhlkreis aus, das sie beschenken wollen und setzen sich ihm auf den Schoß. Das Spiel beginnt nun mit wechselnden Rollen von neuem.

Wir freuen uns auf den Nikolaus

Text: Barbara Cratzius
Melodie: Volkstümliches Weihnachtslied
Musikalische Bearbeitung: Ludger Edelkötter

D
1. Laßt uns froh und munter sein

A D A D
und uns auf den Niklaus freun! Lustig, lustig,

D
tralalalala, bald ist Niklaus-

A D A D
abend da, bald ist Niklausabend da!

Niklaus lenkt den Schlitten her
mit den Säcken groß und schwer.
Schreit der Esel vor dem Haus,
stellt ihm Heu und Hafer raus.

Was ist drin im schweren Sack?
Niklaus trägt ihn huckepack.
Das soll ein Geheimnis sein,
und es duftet schon so fein.

Kommt, wir basteln fleißig heut,
daß der Niklaus sich auch freut.
Monde, Herzen, Vogel, Stern,
alles hat der Niklaus gern.

Denkt auch an die Nachbarin,
tragt ihr etwas Gutes hin.
Gehen wir ins Nachbarhaus
wie ein guter Nikolaus.

Die Tiere kommen zur Krippe

Ein Spiel für zwei oder mehrere Spieler. Ihr braucht einen Würfel und für jedes Kind einen Spielstein. Aus Holz oder Fimo könnt ihr euch selbst einen Spielstein herstellen (z.B. einen kleinen Stern, Mond, einen Igel usw.).
Ihr könnt diesen Spielplan mit dem Kopiergerät auf Din A 3 vergrößern, auf Pappe kleben und ausmalen.
Ihr beginnt auf der linken oberen Ecke des Spielplans und setzt mit eurem Spielstein je nach Würfelglück von Stern zu Stern vorwärts. Bei den Ereignisfeldern warten besondere Aufgaben auf euch.
Der leuchtende Stern über der Krippe hat sicher auch viele Tiere zum Stall geführt. Von weither sind sie getrippelt, gesprungen, gehoppelt und geflogen. Unterwegs haben sie sich sicher mal in der Wüste auf einer Palme, an einem Strauch, in einer Höhle oder einer Oase ausgeruht.
Wenn ihr auf ein solches Feld trefft, könnt ihr wie das entsprechende Tier quaken, klappern, brüllen usw. Ihr könnt auch die entsprechende Tierbewegung nachahmen. Besonders hübsch ist es, wenn ihr ein entsprechendes Tierlied, Tierrätsel oder eine kleine Tiergeschichte wißt.
Wer auf ein Feld mit Donner und Blitz trifft, muß dreimal mit Würfeln aussetzen. Die Tiere müssen sich dann nämlich eine schützende Höhle suchen.
Wer auf einen Wasserfall oder Felsbrocken trifft, muß den eingezeichneten Umweg einschlagen.
Wer mit seinem Spielstein als erster den Stall erreicht, darf in die Keksschüssel oder in den Nikolaussack greifen, die nächste Bastelarbeit oder das nächste Spiel bestimmen, Kerzen anzünden usw.
Je nach Reihenfolge bekommen auch die nachfolgenden Spieler eine adventliche Überraschung.

Habt keine Angst – ich freß' euch nicht!

Im Kindergarten brennt am Adventskranz die erste Kerze. Ganz gemütlich und schummrig ist es morgens im Kinderkreis.
„Heute wollen wir anfangen, unser Krippenspiel für die Weihnachtsfeier zu üben", sagt Frau Müller.
„O ja, ich spiel' den bösen König Herodes!" schreit Arne. Er ist der älteste und der stärkste Junge in der Gruppe. Vor dem haben alle immer ein bißchen Angst. „Ich hol' mir schon die große Königskrone und das Szepter! Das liegt ganz unten in der Kostümkiste", schreit er.
„Hiergeblieben!" ruft Frau Müller. „Die Könige sind heute noch gar nicht dran! Wir fangen mit den Hirten auf dem Felde an! Da ist es eisig kalt in der Nacht auf den Hirtenfeldern gewesen. Und fast so dunkel, wie bei uns jetzt hier im Raum. Nur ein paar Sterne standen am Himmel."
„Aber ein Stern hat so doll geleuchtet! So hell! Den Hirten haben bestimmt die Augen wehgetan", ruft Tanja. „Frau Müller, darf ich den hellen Stern tragen? Bitte!" „Gut, du hast ihn ja gestern fast alleine zusammengebaut", meint Frau Müller.
„Und für die Hirten habe ich lange Mäntel und Hüte und eine schöne Ledertrinkflasche mitgebracht. Und dann noch einen großen Wassereimer und Holzstücke. Für die Schafe liegen hier die weißen Felle, und für den Wolf ist das schwarze Fell. Der schleicht immer um die Herde herum."
„Ich nehm den Wassereimer", schreit Dirk. „Damit kann ich den Schafen zu trinken geben!"
„Nein – den hab' ich zuerst angefaßt!" brüllt Nils. „Du kannst die Hirtenflöte nehmen. Ich kann sowieso nicht darauf spielen!"
Peter und Michael greifen beide nach der Lederflasche. Im Halbdunkel entbrennt ein wilder Streit.

„Wenn ihr nicht augenblicklich aufhört, spielen alle Jungen die Schafe, und die Mädchen die Hirten“, ruft Frau Müller. „Nun streiten wir uns schon, bevor das Spiel losgeht! Ich glaube, das Kind in der Krippe wäre sehr traurig darüber geworden!“
Allmählich kehrt Ruhe ein. In der Mitte des Stuhlkreises sitzen die Hirten. Sie stochern in den Holzscheiten herum und schlagen sich die Umhänge fest um die Schultern.
Außerhalb des Stuhlkreises sitzen die Mädchen. Sie haben sich weiße Schaffelle um die Schultern gebunden. Markus ist der böse Wolf, der knurrend um die Schafe herumschleicht. Ganz ängstlich rücken die Mädchen zusammen. „Markus kann richtig böse die Zähne zeigen“, ruft Tanja ein bißchen ängstlich.
Da steht Arne auf. „Wenn ich nicht den Herodes spielen darf, will ich wenigstens der Engel sein“, ruft er. „Engel – nein, das kann doch nur ein Mädchen mit langen Haaren spielen!“ ruft Andrea. „Stimmt nicht“, meint Dirk, „Arne ist so schön groß. Er kann auch ganz ernst gucken!“
„Ich glaube, Arne könnte ein guter Engel sein“, meint Frau Müller etwas zögernd. „Aber paß gut auf die Kerze in deiner Hand auf!“

Dann erzählt sie: „Ein heftiger Wind weht von den Bergen herab. Ganze Schwaden von Wüstensand treibt er vor sich her."
Die Hirten rücken näher ans Feuer. Peter legt ein paar Holzscheite nach. Michael läßt die Trinkflasche herumgehen. Dirk steht auf und gibt den durstigen Schafen zu trinken.
Anja bewegt den Schlegel auf dem Xylophon ein bißchen hin und her. Das hört sich richtig wie Wasserrauschen an.
„Der Wolf schleicht um die Herde." Anja schlägt die Trommel an. Ganz unheimlich und dumpf tönt das. Ängstlich mähen die Schafe.
Dann läßt sie das helle Glockenspiel und das Triangel klingen. Langsam und vorsichtig tritt Arne mit der brennenden Kerze näher.
Frau Müller erzählt weiter: „Die Hirten sind ganz geblendet von dem hellen Licht. Sie fallen zu Boden. Auch die Schafe auf dem Feld stehen ganz still vor Angst. Da spricht der Engel …"
„Fürchtet euch nicht!" ruft Arne mit seiner lautesten Stimme. „Ich komme von weither. Ihr braucht keine Angst zu haben! Ich will euch nicht fressen wie der böse Wolf!
Ich bringe euch eine gute Nachricht: Es ist heute das Christkind geboren. Es will euch allen helfen. Es liegt in einer Futterkrippe in einem Stall in Bethlehem. Lauft schnell hin und betet zu ihm. Sagt es allen Menschen weiter!"
Langsam dreht sich Arne um und schreitet aus dem Kreis heraus.
„Da tanzen die Hirten ganz aufgeregt vor Freude herum. Sie überlegen, was sie dem Kind mitbringen können!" beendet Frau Müller ihre Geschichte.
„Das habt ihr alle sehr schön gespielt!" sagt sie. „Ich fand Arne so gut. Er hat so langsam gesprochen!"
„Und das mit dem Wolf war auch schön!" meint Anja. Ganz sanft kommt Arne in die Mitte des Kreises zu den Kindern. Keiner hat mehr Angst vor ihm.

Viele Hinweise und Spielimpulse für die Gestaltung von einfachen weihnachtlichen Spielen für Kindergruppen finden sich in dem Buch im Christophorus-Verlag: B. Cratzius/ Landa: Wir zeigen euch ein Weihnachtsspiel, und in: B. Cratzius, Theaterstücke zur Weihnachtszeit, Ravensburger Verlag, dort z.B.: „Alle Tiere kommen zur Krippe".

Sterne, Sterne

Fensterbild

Ihr braucht: Festes weißes Papier, Transparentpapier, selbstklebende Sterne, Prickelnadeln, Schere, Bleistift.

Ihr malt die Form des Fensterbildes auf (siehe Abbildung). Ihr könnt selbst die Form der Tannenbäume und der Häuser mit Bleistift hineinzeichnen. Nun prickelt ihr die Formen aus. Hinter die ausgeprickelten Häuser klebt ihr rotes Transparentpapier und hinter das gesamte Bild farbloses Transparentpapier. Zum Schluß klebt ihr die Sterne auf

S. Bock/Chr. Ebert

Sterne am laufenden Band

Ihr braucht: Dünne Pappe (z.B. Heftdeckel), Reste von buntem Weihnachtspapier, Bleistift, Klebe, Pappe, Nadel, Gold- und Silberfäden.

Mit der Sternenschablone (oder mit einem Backförmchen) Sternenform auf die Pappe aufmalen, ausschneiden. Vorder- und Rückseite auf Weihnachtspapier kleben, ausschneiden. Faden durchziehen. Für einen aufklappbaren Stern bei beiden Sternen jeweils einmal bis zum Mittelpunkt einschneiden (siehe Skizze), zusammenstecken, Faden durchziehen.

B. Zühlsdorff

Im Kaufhaus vor Weihnachten

Text: Barbara Cratzius
Melodie: Volkstümliches Weihnachtslied, Berlin 1911
Musikalische Bearbeitung: Ludger Edelkötter

Tausendfüßler hebt die Beine,
sind es hundert oder mehr?
Und da schleicht auf weichen Tatzen
Kater Kasimir daher.
Schaut – der Igel Stachelfell
und das Mäuschen tanzt ganz schnell.

Kommt jetzt zu den Zirkustieren,
seht, der große Elefant
schwenkt den langen grauen Rüssel,
er gibt mir sogar die Hand.
Und der Kuschel-Teddybär,
ach – den geb' ich nicht mehr her!

Nun stehn wir vorm Kaufmannsladen,
Obst gibt's da und Mehl und Wein.
Puppenkaffee, Gummibären,
alles in den Korb hinein!
Ich wieg' auch ganz richtig ab,
weil ich eine Waage hab'.

Nun wolln wir zum Bahnhof gehen,
Schienengleise ohne Zahl.
Wagen quietschen, Loks, die bremsen,
Zugführer gibt das Signal.
Ich will an dem Schalter drehn,
dann bleibt unser Zug gleich stehn.

So, nun sind wir schon ganz müde,
kommt – wir gehen jetzt nach Haus.
Ach, was werd' im Schuh ich finden
von dem lieben Nikolaus?
Ha – ich weiß, wär das nicht toll,
ich pack der ...
dem ... (Name einsetzen)
die Stiefel voll.

Dinge, die so gar nichts kosten,
basteln kann doch jedes Kind.
Nähen, kleben, schneiden, kneten,
backen, das geht ganz geschwind.
Weihnachten sind alle froh,
und ich freu' mich ebenso.

Dieses Spiellied könnt ihr gut aus dem Kreis heraus spielen. In der Mitte des Kreises liegen all die vielen Dinge, die im Kaufhaus als Geschenke für Weihnachten angeboten werden, wie Puppen, Schmusetiere, Eisenbahn usw. Bei den jeweiligen Strophen könnt ihr nacheinander zu den Geschenken gehen und eine Weile damit spielen.
Ihr könnt die Geschenkangebote aus dem Kaufhaus auch auf große Bögen malen. Viel Spaß macht es auch, wenn ihr die Gegenstände aus Spielzeugkatalogen ausschneidet und aufklebt. Ihr merkt, daß dabei eine Fülle von Wünschen wach werden. – Wie gut, daß es Dinge gibt, die nichts kosten und mit denen wir anderen Menschen eine Freude machen können (siehe letzte Strophe!).

Das ist die Geschichte von dem kleinen Engel Gabriel. Er hilft einer armen Familie irgendwo in den winterlichen Weiten des Ostens. – In den Tagen vor Weihnachten trägt er die Weihnachtsfreude hinaus zu Menschen, die in Not leben und Zuwendung brauchen.
Zu dieser Geschichte ist im Verlag Herder ein Bilderbuch mit bezaubernden Illustrationen der japanischen Künstlerin Mary Rahn erschienen. Mary Rahns Bilder (siehe die Bilder S. 95 und 96, Ausschnitte) bringen die weihnachtliche Atmosphäre der Geschichte von dem kleinen Engel zur Geltung. Als weiterführende Bastelarbeit bietet sich die Idee von dem flügelschwingenden Engelkind an. Dabei können die Kinder den Schluß der Geschichte nachempfinden: „... und die Flügel des Engels zitterten vor Freude" (siehe S. 97).

Wohin fliegst du, kleiner Engel?

Ganz hoch am Himmel, weit über den düsteren Novemberwolken, schwebte eine weiße Schäfchenwolke. Wenn die Morgensonne sie anstrahlte, bekam sie hellrosa Ränder, und abends zogen tiefrote lange Streifen über ihr weißes Wolkengewand. „Die ist etwas ganz Besonderes", sagten die anderen Wolken ein bißchen neidisch. „Da oben ist die Bastelwerkstatt der Weihnachtsengel!"
Sturm und Wind und Regen und Hagel und Schnee machten einen großen Bogen um die weiße Schäfchenwolke. „Fegt bloß nicht so nahe heran", hatte der Oberengel ihnen zugerufen. „Die vielen zarten Strohsterne und die Goldfäden und die bunten Vögel mit den Seidenschwänzen sind so empfindlich!"
Das ganze Jahr über waren die Weihnachtsengel fleißig gewesen. Schon im Januar dachten sie an das nächste Weihnachtsfest.
„Eigentlich ist der Januar so ein trauriger Monat", hatte der kleine Engel gesagt. Da liegen die abgenadelten Tannenbäume übereinander auf dem Hof und in den Gärten, und wir müssen sie trösten. Das macht gar keinen Spaß, die zerdrückten Strohsterne und die Reste vom Goldpapier und Lametta wieder zusammenzusammeln!"
Aber wenn die Engel dann alle wieder auf der Wolke saßen und mit ihren flinken zarten Händen das Goldpapier glätteten und die Silberfäden entwirrten,

Krippenfiguren neu formten, die Nußknacker und Räuchermännchen schön lackierten, dann freuten sich alle schon wieder auf das nächste Weihnachtsfest.
Der kleine Engel Gabriel aber war in diesem Jahr ganz ungewöhnlich still von seinem Erdenflug zurückgekehrt. Fest umschloß seine kleine Hand ein buntes, glänzendes Holzstück. Nein, es war kein gewöhnliches Holzstück. Es war eine kleine Holzpuppe mit einem ganz zerkratzten Gesicht.
Gabriel hielt sie an sein Ohr. Engel haben feine Ohren. Und Gabriel hörte, daß es innen drin ein klein wenig klimperte und klapperte. Er drehte an dem bunten Holz herum. Da öffnete es sich, und heraus fiel eine kleine Puppe, die hatte ganz zerkratzte Wangen, und die Augen waren verwischt, als ob Tränen drauf gefallen waren. Gabriel drehte weiter. Noch eine Puppe kullerte heraus, bei der war die bunte Farbe von dem Rock fast abgeblättert. Und die kleinste Puppe ganz drinnen hatte nur noch einen halben Kopf. Ganz traurig sah das aus. Gabriel legte die Stirn in Falten.
Und dann sah er wieder die kleine strohgedeckte, windschiefe Hütte am Rande des einsamen Dorfes vor sich. Der Sturm tobte über die endlose Weite. Er rüttelte an den Zäunen und Ställen der verlassenen Dörfer, weit, weit im Osten. Gabriel war viele Stunden lang über die schneeverwehten Täler und Hügel geflogen.
Gegen Abend tauchte dann eine armse-

lige Kate auf. Fast dunkel war es darin gewesen, nur der Lichtschein des Herdfeuers tanzte an den Scheiben entlang.
„Wie anders sieht es doch in den Städten aus", dachte Gabriel. „All die Lichterketten über den Einkaufsstraßen mit den hellerleuchteten riesigen Fenstern!"
Und dann hatte er den kleinen Jungen gesehen, der in das hochgefrorene Fenster einen Spalt gehaucht hatte und mit großen Augen in die dunkle Nacht hinausschaute. „Mischa, hol Wasser rein!" hatte die Mutter ihm zugerufen. Da war der kleine Junge mit den Stiefeln in die Nacht hinausgestapft und hatte mühsam die Strohballen von der vereisten Pumpe neben der hohen Birke beiseitegeräumt. Dann hatte er den Eimer vollgefüllt mit eiskaltem Wasser. Und dabei war ihm die hölzerne Puppe aus der Jackentasche gerutscht, tief in den

Schnee hinein. „Ob er mich wohl gesehen hat?“ dachte Gabriel.
„Vielleicht hat er das Rauschen meiner Flügel gehört. Warum hat er wohl nachher noch so lange am Fenster gestanden und hinausgeschaut?“
Die Monate gingen dahin. „Gabriel ist so still geworden“, sagten die anderen Engel. „Er tobt abends gar nicht mehr mit uns herum, wenn wir fertig sind mit dem Backen und Basteln. Er rutscht nicht mehr auf den Wolkenbergen herunter und spielt auch nicht Verstecken in den Wolkentälern!“
„Ich hab' zu tun“, sagte Gabriel kurz, wenn ihn die anderen zum Spielen abholen wollten.
Er hatte sich vom Himmelsschreiner einen großen Berg Holzabfälle geben lassen. Da schnitzte und sägte und feilte er eine Puppe nach der anderen. Auch Krippenfiguren entstanden unter seinen geschickten Händen. Ochs und Esel, Schafe, Kamele an der Krippe, Maria, Josef, Hirten und Könige standen auf dem langen Bord über seiner Hobelbank. Es wurden immer mehr, daß der

Oberengel fragte: „Wie viele Kinder willst du eigentlich noch beschenken?“
„Eigentlich nur ein Kind und vielleicht seine Geschwister und Freunde dazu. Die haben es nötig, weit, weit im Osten, da, wo die Sonne aufgeht“, hatte Gabriel leise gesagt.
Und dann half er viele Wochen in der großen Wolkenbackstube bei den Bäckerengeln. Mit fleißigen Händen rührte er Mehl und Butter, Honig und Eier zusammen und fügte den duftenden Zimt und die Vanille und all die geheimen Gewürze zu, die nur Engel kennen.
Dann stach er die schönsten Figuren aus: Vögel und Fische und Sterne und Monde und auch runde Matruschkas, ganz ähnlich wie die hölzernen Puppen. Die verzierte er mit buntem Zuckerguß und Mandeln und Perlen.
Als die Schneeflocken um die weißen Schäfchenwolke tanzten, schnürte Gabriel seinen großen Sack und ließ sich in die Tiefe gleiten. Er schwebte und schwebte über die weiten weißen Schneefelder, die kein Ende zu nehmen schienen.
Da tauchte in der Ferne das einsame Dorf mit der windschiefen Hütte auf. Gabriel erkannte die strohumwickelte Pumpe neben der hohen Birke und fing an, gegen den tosenden Winterwind ein altes Weihnachtslied zu singen.
Traurig und schwermütig klang das, ganz anders als die jubelnden Engelschöre oben auf der Wolke. Gabriel wunderte sich selbst über die tiefen dunklen Töne, die der eisige Wind fast

verschluckte. Er lehnte den Sack gegen die Birke und schwang sich empor auf die kahlen Zweige. Da öffnete sich knarrend die Tür. Gabriel erkannte das schmale Jungengesicht unter der dicken Fellmütze. Der Junge stellte den Eimer ab und betrachtete staunend den dicken braunen Sack neben dem Birkenstamm. Goldfäden und Silberkugeln waren oben herumgeschlungen, und eine kleine bunte Puppe baumelte an der Seite herunter.

„Mamuschka, die Matruschka ist wieder da!" rief der kleine Junge. „Und noch viel mehr ist hier in dem Sack! Wie das duftet! Komm, hilf mir! Nun können wir richtig Weihnachten feiern, richtig schöne Weihnachten!" Der kleine Junge schaute mit großen Augen in die Wand aus rieselnden Schneeflocken.

Aber da hatte sich der kleine Engel Gabriel schon hoch emporgeschwungen. Und seine Flügel zitterten vor Freude.

Der Engel mit zitternden Flügeln

Gestalterische Möglichkeiten:

1. Pause den Engel ab. Schneide die Flügel weg und klebe die Figur auf ein größeres Stück Pappe.
2. Male einen Himmel mit Wolken als Hintergrund.
3. Tupfe mit dem Finger oder Wattestäbchen etwas Deckweiß auf die Wolken.
4. Für den Engel kannst du einfache Farbstifte nehmen.
5. Laß Flitter über das Bild rieseln und fixiere es mit Haarspray oder Klarlack (Sprühdose).
6. Schneide zum Engel passende neue Flügel aus. Die Flügel müssen als Verlängerung einen Steg tragen.

Schneide rechts und links vom Kopf an den Schultern des Engels die Pappe in der Breite des Stegs ein und stecke die Stege der Flügel hindurch. Klebe die Stege an der Rückseite zusammen und befestige einen Haltegriff zur Verstärkung daran. Wenn du den Haltegriff bewegst, „zittern die Flügel vor Freude".

M. Schacherbauer

P. S. Wir haben es mit Kindern ausprobiert – es war ein Riesenspaß! *BBZ für Kinderpflege, Pfarrkirchen*

Lied vom Nußknacker

Text: Barbara Cratzius
Musik: Ludger Edelkötter

G C
1. Wer liegt das gan - ze Jahr ver - staubt ganz

G C G
hin - ten tief im Kel - ler? Reckt a - ber jetzt ganz

C G C
stolz das Haupt, schaut ü - bern bun - ten Tel - ler?

Kehrvers:

G C G
Komm, du höl - zer - ner Ge - sell, hilf zu Weih - nach -

C F
ten uns schnell! Lie - ber Nuß - knak - ker, komm

C G C
schnell, komm, du höl - zer - ner Ge - sell!

Er schläft im Sommersonnenschein
und denkt bei sich verstohlen:
Ruh dich nur aus, man wird dich schon
pünktlich zur Arbeit holen.
Komm, du hölzerner Gesell...

Da liegen sie nun, fest und braun,
hier gilt es, anzupacken.
Und knick und knack –
es bleibt kein Rest,
er muß sie alle knacken.
Komm, du hölzerner Gesell...

Dann reckt er stolz sich hoch empor,
schaut mutig in die Runde.
Ihr vielen Nüsse, seht euch vor,
jetzt schlägt für euch die Stunde.
Komm, du hölzerner Gesell...

Er blinzelt unterm Tannenzweig
uns zu und knackt die Kerne.
Draus backen wir für dich und mich
heut Sonne, Mond und Sterne.
Komm, du hölzerner Gesell...

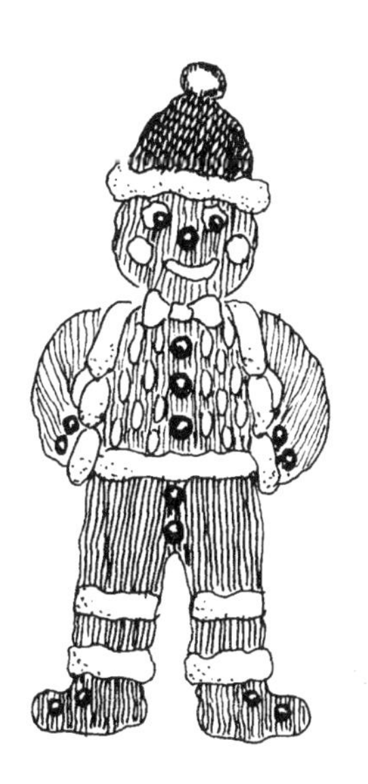

Eßbares und Basteleien vor Weihnachten

Adventsbrötchen

(Vollwertrezept)

Ihr braucht: 500 g Quark, 5 Eßlöffel Rosinen oder 8 Eßlöffel Sonnenblumenkerne, 2 Eier, 3 Eßl. Fruchtzucker, 125 g Weizenmehl, 125 g Vollkornmehl, 1/2 Teelöffel Kardamom, 1/2 Teelöffel Bourbonvanille, 1/2 Teelöffel Zimt, 1 Teelöffel Salz, 3 Teelöffel Backpulver, Backtrennpapier für das Blech.

Ihr verrührt den Quark mit den Eiern, der weichen Butter, dem Zucker und den Gewürzen. Dann mischt ihr das Mehl mit dem Backpulver und rührt alles mit dem elektrischen Handrührer (Vorsicht, Erzieherin oder Mutter helfen lassen) zusammen. Zum Schluß fügt ihr die Rosinen oder die Sonnenblumenkerne hinzu. – Ihr setzt mit dem Löffel kleine Häufchen auf das Blech mit dem Backtrennpapier. Im vorgeheizten Ofen etwa 25–30 Minuten backen.

Wer ist das?

Von Korinthen sind die Augen,
und aus Mandeln ist der Mund.
Bonbons hat er vorn am Bauche,
und der Kopf ist kugelrund.
Braun ist er und wohlgeraten,
noch ist alles an ihm dran,
Zuckerguß und bunte Perlen
an dem braunen, süßen Mann.
Wenn die vielen Kerzen brennen,
dann ist endlich es soweit.
Wo sind Kopf und Bauch geblieben?
Süßer Mann, du tust mir leid.

(Pfefferkuchenmann)

Nikolaussäckchen am Tannenstrauß oder am Fenster

Ihr braucht: Filzreste, Schere, Garn, selbstklebende Zahlen, bunte Kordel.

23 Filzstücke, 6 x 20 cm, 1 Filzstück 9 x 22 cm ausschneiden und übereinanderklappen, an den Seiten zusammennähen, Zahlen aufkleben. Jeweils 3 cm vom oberen Rand einen Steg einschneiden, bunte Kordel durchziehen, an Tannenzweigen oder am Fenster aufhängen.

H. Grelak

Kleine weihnachtliche Briefkarte

eine Bastelarbeit für die Jüngsten

Ihr braucht: Farbiges Tonpapier 15 x 22 cm, Wellpappe Breite 6 cm, Reste von Goldpapier und Seidenpapier, Schere, Klebstoff.

Tonpapier zurechtschneiden und zur Karte falten. Auf die eine Seite den Kerzenstumpf aus zusammengerollter Wellpappe aufkleben. Docht aus Goldpapier zuschneiden und aufkleben. Seidenpapier in kleine Stücke reißen und als Schmuck um die Kerze herumkleben. Verschiedene Blautöne auf blauem Untergrund oder verschiedene Grüntöne auf grünem Untergrund sehen sehr schön aus.
Kleinere Kinder mögen sicher am liebsten eine kunterbunte Weihnachtskarte.

S. Bleymüller

Schmuckkranz für den Weihnachtstisch oder für Tannenzweige

Ihr braucht: Dünnen Blumendraht, Erlenzapfen, Goldbronze, rote und grüne Perlen, rotes und grünes Schmuckband.

Die Erlenzapfen an der Spitze mit Goldbronze anmalen oder besprühen. Zapfen und Perlen abwechselnd aufziehen. Den Blumendraht zum Kreis zusammenbiegen. Schmuckband befestigen. Der Schmuckkranz kann auch auf einen Pappkreis geklebt werden. Dann könnt ihr eine Kerze hineinstellen.

B. Zühlsdorff

Ein Weihnachtsmann für „alle Fälle"

Die hier angegebene Grundform für einen Weihnachtsmann könnt ihr beliebig vergrößern oder verkleinern.

Daraus ergeben sich viele Verwendungsmöglichkeiten.

1. Ihr könnt die ausgeschnittene und verzierte Weihnachtsmannform für eure weihnachtlichen Grußkarten verwenden.
2. Sie läßt sich auch in der Längsrichtung geknickt als Tischkarte für eure Weihnachtsfeier verwenden.
3. Ihr könnt sie auch – beidseitig bemalt – als lustige Nikolauskette vors Fenster hängen.
4. Die Form eignet sich gut als Geschenkanhänger für eure Weihnachtsgaben.

H. Schauder

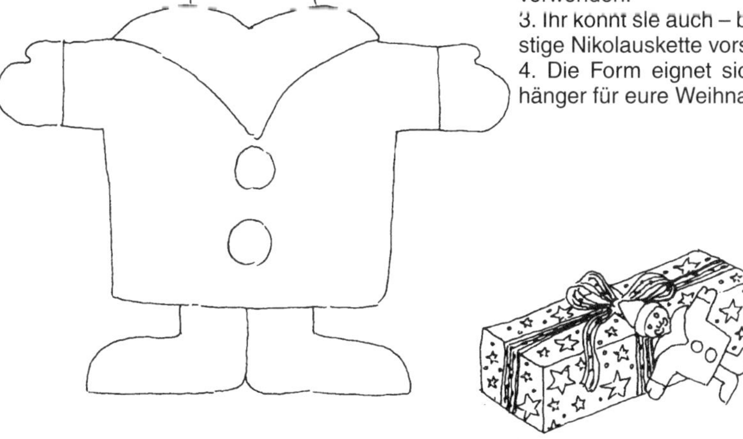

Kapitel 5:
Kommt – wir feiern Faschingsfeste

von lustigen Katzen und Mäusen, von wilden Dinos, von mutigen Piraten und Astronauten und von abenteuerlustigen Indianerkindern

Lustig ist die Fasenacht,
wenn mei' Mutter Küchel backt.
Wenn sie aber keine backt,
pfeif' ich auf die Fasenacht.

Zur Fastnachtszeit, zur Fastnachtszeit,
da gibt's nur Scherz und Fröhlichkeit.
Und wer nicht froh sein mag
beim Schmaus,
der bleibe zu Haus, der bleibe zu Haus.
Wo sich die Freude blicken läßt,
da halten wir sie heute fest,
denn fröhlich sein in Ehren,
das soll uns keiner wehren.

Vorbemerkung zu Fasching – Fastnacht – Karneval: In Kindergruppen lang erwartet, vorbereitet, freudig gefeiert. Da werden Mütter und Väter, Großeltern bestürmt, mitzuhelfen, die kleinen Schornsteinfeger, Bäcker, Katzen, Käfer, bis hin zu Indianern, Astronauten, Vampiren, entsprechend auszustaffieren.
Dieses lustige, närrische Treiben hält in den Februartagen in fast allen Gegenden Deutschlands seinen Einzug.
Es gibt aber auch Kindergärten, Schulen und andere Einrichtungen, in denen die Eltern diesem alten Brauch skeptisch, ja ablehnend gegenüberstehen.
Ich erinnere mich aus meiner Kindheit in Pommern, daß es wohl Sommerfeste gab, bei denen wir Kinder – als Blumen geschmückt – durch den Rosengarten im Kurpark zogen. Aber Verkleidungen mit Masken, närrische Umzüge waren uns reservierten Norddeutschen fremd. – Auch heute noch gibt es in manchen Gegenden Deutschlands Vorurteile gegen das närrische wilde Treiben.
Die Kenntnis der geschichtlichen Hintergründe der Faschings- und Karnevalsfeste kann uns Erziehern bei Gesprächen mit Eltern, die den Faschingsvorbereitungen skeptisch gegenüberstehen, helfen.
Der Brauch des Fastnachts- und Faschingsfeierns (in Süddeutschland und Österreich) und das Karnevalstreiben (besonders in Westdeutschland) ist uralt. Christliche und heidnische Überlieferungen begegnen sich in den verschiedenen Bräuchen.
Fastnacht – Fasching kommt von dem mittelhochdeutschen Wort „Vaselnaht", was „Unfug in der Nacht" bedeutet. – Mit Masken und Mummenschanz wurde der Auszug des Winters, die Vertreibung der Wintergeister und das Nahen des Frühlings lange vor dem 12. Jahrhundert gefeiert. Die furchterregenden Masken, Trommeln, Schellen, die Hexen mit ihren Besen sollten den Winter mit seinen bösen Geistern vertreiben.
Seit dem 12. Jahrhundert hat sich die Kirche dieses Brauchtums angenommen. Die närrischen Tage des Karnevals oder Faschings leiten zur Fastenzeit vor Ostern über.
Das Wort „Karneval" kann verschiedene sprachliche Ursprünge haben; es kann von „carrus navalis", d.h. „Schiffskarren" kommen.

Damit sollten nach heidnischer Vorstellung die Götter der Fruchtbarkeit ihren Einzug halten. Eine andere Übersetzung wäre: „carne valé", d.h. „Fleisch, lebe wohl".
Das wäre ein Hinweis darauf, daß in der Fastenzeit kein Fleisch mehr gegessen werden sollte.
In vielen großen Städten gibt es Faschings- und Karnevalsumzüge mit aufwendig geschmückten Wagen, Prinzenpaaren, Musikkapellen. Da gibt es auch kunstvoll geschnitzte alemannische Masken wie in Rottweil, Villingen oder Basel. Es gibt theatralisch vorgeführte Masken-szenen in prächtigen Kostümen wie in Venedig.
Dieser Mummenschanz, dieses Sich-Verbergen hinter einer Maske ist uralt. Wir kennen es aus Höhlenmalereien, daß Menschen bei der Jagd in eine Tiermaske schlüpften, um es mit dem Tier an Kraft und Schnelligkeit aufnehmen zu können.
So bedeutet dieses Treiben eine uralte Sehnsucht des Menschen, einmal in eine andere Haut schlüpfen zu können, einmal die eigenen Schwächen vergessen zu können; groß und stark, laut und beherrschend, aber auch zärtlich, schön und begehrenswert sein zu dürfen.
Damit haben wir auch die Brücke zu dem närrischen Spiel mit unseren Kindern geschlagen. Wir wollen mit unseren Kindergruppen in Kindergarten und Schulen Fasching feiern. Dazu brauchen wir keine Funkenmariechen und aufwendige Musikkapellen – wir brauchen aber viel Phantasie und Gespür dafür, was Verkleidung, Hineinschlüpfen in eine andere Rolle, das Agieren hinter einer schützenden Maske für die Kinder bedeutet.
Kinder lieben es, wenn sie sich beim Freispiel im Kindergarten oder beim Spiel zu Hause verkleiden und schminken dürfen. Die Kostümkiste mit dem großen Angebot an verlockenden Requisiten wird zu einer vielbegehrten „Schatztruhe". Die Kinder schlüpfen gern in andere Rollen: Sie werden Lehrer, Arzt, Polizisten, Indianer, auch Vater und Mutter.
„Kinder brauchen das Rollenspiel, um sich mit ihren negativen Gefühlen auseinanderzusetzen, ihre positiven Gefühle neu zu erleben, Konflikte zu bewältigen, nachzuahmen und Verhalten einzuüben.
Darüber hinaus wollen Kinder ihren natürlichen Darstellungsdrang befriedigen und ihre Freude

am Verkleiden, Schminken und Rollentauschen ausüben", so Heike Braun in: Kleider, Masken, Rollenspiel, Verlag Herder, Praxisbuch Kindergarten 1994.
Die Kinder suchen im Spiel gern die Welt der Erwachsenen. „Heute spiel' ich Mami, du bist das Kind." Oder bei Älteren: „Ich bin jetzt der Indianerhäuptling, du bist der Indianerjunge. – Ich bin der Piratenkapitän, du der kleine Schiffsjunge."
Dieses „In-die-andere-Rolle-Schlüpfen" kann beim Kind viele Konflikte lösen, das Kind kann Angst, Spannung, Zorn abreagieren.
Ich habe das oft bei Aufführungen mit meinen Kindergruppen erlebt. Bei einem weihnachtlichen Krippenspiel gab ich einem sehr aggressiven Jungen die Rolle eines Hirten, der den anderen Kindern auf dem Hirtenfeld bei Bethlehem zornig den Wassereimer wegreißen sollte. Er spielte den wütenden Hirten so überzeugend, daß er die anderen Kinder förmlich mitriß. In den Tagen danach war er im Unterricht sehr verändert, ausgeglichen und freundlich.
So können wir auch ängstliche, zurückhaltende Kinder beim Verkleidungs- und Maskenspiel zu sprachlichen und gestischen Äußerungen ermuntern; wir können hyperaktive Kinder beruhigen, wir können „Störenfriede" zu friedlichem, sozialen Miteinander führen. – Davon erzähle ich u.a. in der Geschichte: Rate mal – wer bin ich wohl?
Im folgenden gebe ich viele praktische Impulse für fröhliche Faschingsfeiern in der Kindergruppe.
Literaturhinweis: Hildegard Schaufelberger, Alte und neue Bräuche im Kindergarten, Verlag Herder.

Rate mal – wer bin ich wohl?

Eine Faschingsgeschichte

Jedes Jahr denkt sich Frau Hansen etwas Neues zum Fasching aus. – Im letzten Februar waren die Kinder Hexen und Zauberer, Räuber, Riesen und Zwerge im großen Zauberwald. Da konnte Philipp als Zauberer mit dem lila Hut und den Silbersternen die Andrea als Oberhexe bei der Hand nehmen und mit ihr herumwirbeln. Jeder Spieler kannte den anderen, es wurde ohne Masken gespielt.

Aber in diesem Jahr sollte es heißen: Nun ratet mal – wer bin ich wohl? Jedes Kind der beiden Gruppen sollte sich so verkleiden, daß die anderen es nicht erkennen konnten.

„Ha, wenn Philipp losstampft und losbrüllt, erkenn' ich ihn bestimmt gleich", ruft Andrea. „So wild wie der ist!" „Und wenn du so albern herumtanzt und kreischst, dann weiß ich auch gleich, wer du bist! Da kannst du dich als Automat oder Roboter verkleiden", schreit Philipp lachend.

Laura und Lena stecken ihre Köpfe zusammen und kichern. „Na, ihr beiden kommt bestimmt wieder als Prinzessinnen oder Bienchen oder Marienkäfer", sagt Christoph und grinst. „Wo ihr jetzt schon die gleiche Frisur habt!" „Wartet's nur ab", rufen die beiden Freundinnen wie aus einem Munde.

Frau Hansen guckt in die Runde. Alle Kinder freuen sich schon aufs Verkleiden. Nur der kleine Benedikt guckt ein bißchen ängstlich drein. Frau Hansen flüstert ihm etwas ins Ohr. Da leuchten seine Augen auf.

Am nächsten Tag ist zuerst die Bärengruppe mit Raten dran. Die Löwengruppe verkleidet sich im anderen Raum.

„Den kleinen Benedikt erkenn' ich bestimmt", meint Maren. „So ängstlich wie der ist! Der kriegt ja kaum den Mund auf!"

Jessica sagt: „Wenn der Philipp wieder so wild wie

beim letzten Fasching ist, dann stell' ich ihm ein Bein. Der war ein ganz gemeiner Zauberer und hat mir meinen schönen Hosenrock fast zerrissen. Bloß, weil ich ihm den Zauberhut kurz mal abgeworfen habe. Na, der kann was erleben!"

Da geht die Tür auf. Als erster tänzelt ein niedlicher Marienkäfer herein. Leicht und zierlich läuft er einmal im Kreis herum und wippt mit den Fühlern. „Der sieht süß aus", ruft Jessica. „So ein Kostüm möchte ich auch mal haben! Das ist bestimmt Andrea! Die kann so gut tanzen!"

Aber der Marienkäfer setzt sich in die Mitte und schüttelt nur leicht mit dem Kopf.

„Das können wir nicht raten!" rufen die Kinder von der Bärengruppe nach einer Weile. Und dann singen sie nach der Melodie: Ein Vogel wollte Hochzeit machen:

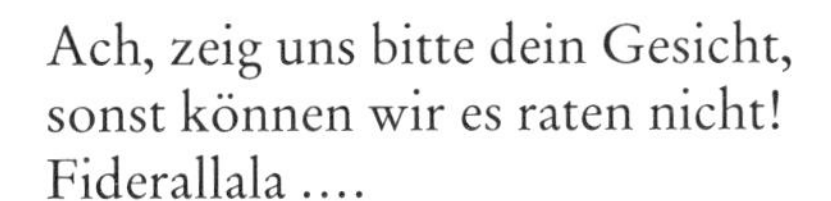

Ach, zeig uns bitte dein Gesicht,
sonst können wir es raten nicht!
Fiderallala ....

Da streift der niedliche Marienkäfer seine Maske ab. „Mensch, Philipp! Das hast du toll gemacht!" „Das hätten wir nie geraten", rufen die Kinder durcheinander. Ganz stolz setzt sich Philipp mit in den Kreis. Nur ein kleines bißchen schubst er Jessica dabei zur Seite. Und das will schon was heißen bei ihm!

Nun schleichen zwei Indianer herein. Dann laufen sie wild im Kreis herum und schwingen ihr Kriegsbeil. Ua – ua – ua – schreien sie laut. Toll sehen die aus mit ihrer weißblauen Kriegsbemalung im Gesicht und dem Indianerschmuck aus bunten Federn. Nun setzen sie sich hin und rauchen die Friedenspfeife. Das riecht nach Moos und Gras.

„Das sind bestimmt Andreas und Michael", ruft Jessica. „Die stehen doch auf Indianer! Und die Federn und den Poncho haben sie von dem großen Bruder von Michael!" Aber die beiden Indianer schütteln nur ihre Köpfe und stoßen noch einmal wilde Schreie aus.
„Ihr müßt es uns schon verraten", sagt Frau Hansen. „Eure Kriegsbemalung ist so toll, daß wir euch nicht erkennen können!" Da fangen die beiden Indianer an zu kichern, und nun wissen es alle: Das sind Laura und Lena, die beiden unzertrennlichen Freundinnen.
Nun kommt ein wilder Stierkämpfer hereingelaufen. Er hat eine dunkle Maske vor dem Gesicht und trägt dunkle Strumpfhosen und ein ganz buntes, besticktes Mieder mit Goldknöpfen. Das Schönste ist seine wunderschöne glänzende Stierkämpferkappe. Mit dem Pappdegen fuchtelt er wild umher. „Mann, den könnte er mir mal borgen", denkt Philipp.
Der Stierkämpfer sucht sich ein paar Kinder als Stiere aus und läuft wild auf seine „Opfer" los, daß sich die Kinder lachend hinter dem Stuhl verstecken. Dazu ertönt eine mitreißende spanische Stierkampfmusik. „Das wirkt total echt", rufen die Kinder. „Ist das Alexander? Martin? Florian?"
Aber der Stierkämpfer schüttelt nur mit dem Kopf. „Ich glaube, du mußt die Maske abnehmen", sagt Frau Hansen. „Das ist zu schwer zu raten!"
„Mann, Andrea!" ruft Philipp. „Und ich dachte, du kannst nur so albern tanzen!"
Einige Kinder aber werden gleich erkannt. Nina ist ein Kater, Pedro ein Elefant, Oliver ein Bäcker, Petra eine Prinzessin und Frederic ein Vampir. Auf einmal ertönt von draußen ein lautes Geklapper. Eine wilde Saurier-

musik ist zu hören. Ein langes grünes Ungetüm wälzt sich herein. Es hat einen großen grünen Pappkarton auf dem Kopf mit Augenschlitzen und furchterregenden blitzenden Zähnen. Einen langen grünen Schwanz schleppt es hinterher. Immer wieder dreht es seine schnarrenden Holzklappern herum und stößt wilde Schreie aus.
„Tyrannos Rex! Toll ist der", rufen die Kinder. Der Raubsaurier zieht mehrmals seine Runde und schnappt nach den Kindern. Das gibt ein erschrecktes Kichern.
„Lieber Tyrannos Rex", sagt Frau Hansen nach einer Weile. „Wir können es nicht erraten. Zeig uns bitte dein Gesicht!"
Da nimmt der Saurier seinen großen Karton herunter, und die Kinder können es gar nicht glauben. Der kleine schüchterne Benedikt kriecht aus dem langen Stachelanzug heraus. Da klatschen alle. „Super – Benedikt ist der Größte!" schreit Andrea, und sogar Philipp klopft ihm anerkennend auf die Schultern.
Da strahlt der kleine Benedikt.

Anmerkung: Die Begleitmusik für den Auftritt des Dinosauriers ist die Kassette „Die Dinobande". – Schöne alte Dinolieder. Text: Barbara Cratzius, Musik: „Ludger Edelkötter, Impulse-Verlag, Natorp 21, 48317 Drensteinfurt.
Diese Kassette (bzw. CD) und das dazugehörige Buch „Die Dinobande" sind auch für weitere Aktivitäten in der Faschingszeit gut geeignet.

Viele Ideen zum Schminken und Verkleiden finden Sie in folgenden Büchern aus dem Christophorus-Verlag:
1. Thomas Joseph Landa: Die Verkleidungskiste
2. Brunnen-Reihe: Gesichter verzaubern
3. Brunnen-Reihe: Spiel und Spaß mit Pappmasken
4. Brunnen-Reihe: Lustige Papiermasken

Was wir zum Faschingsfest brauchen

Einladung zum großen Kinderfest

Für Eltern und Freunde

Wir laden euch heute alle ein, beim
Katzen-/Indianer-/Gespenster-/Tier-/
Faschingsfest dabei zu sein!

Kommt mit in unsern Kreis hinein,
denn Katzen, Indianer, Gespenster,
Tiere brauchen viele Freunde

Um ... Uhr das Fest beginnt,
darauf freut sich schon ein jedes Kind!

Phantasievolle Tischdecke für Feste in der Faschingszeit

Ihr braucht: Papiertischdecken, selbstklebende Folie, Buntpapier, Malstifte, Fingerfarben, Schere, Bleistift.

Ihr schneidet aus der Folie Muster aus und klebt sie um den Rand oder auf die Mitte des Tischtuches. – Für ein Indianerfest in der Faschingszeit wäre es reizvoll, die Bildschriftzeichen der Indianer aufzumalen, auch Indianerzelte, Indianer auf Büffeljagd, usw. Für ein Bären- oder Dinofest in der Faschingszeit fallen euch bestimmt noch viele weitere Motive ein. Ihr könnt euch auch an den gezeichneten Motiven auf diesen Seiten orientieren.

B. Zühlsdorff

Masken für den Fasching

Ihr braucht: Den Deckel eines Kartons (Schuhkarton, Schreibpapierkarton), bunte Malfarben, auch Fingerfarben, Kreppapier, bunte Stoffreste, Klebstoff, Schere, Gummiband, Kugelschreiber.

Ihr schneidet in den Kartondeckel zwei Löcher zum Durchgucken. Ihr könnt auch einen Mund und eine Nasenöffnung hineinschneiden. Mit einem Kugelschreiber bohrt ihr seitlich zwei Löcher hinein, zieht ein Gummiband durch und knotet es an einer Seite fest. Nun probiert ihr die Länge des Gummibandes aus, damit die Maske straff am Kopf sitzt und knotet es auf der anderen Seite fest.
Mit Fingerfarben, Stoffresten und Kreppapier könnt ihr eure Maske verzieren (Haarzotteln für eine Hexe, Mähne für einen Löwen, Bart für Riesen und Zwerge, usw.).

H. Grelak

Rhythmusinstrumente aus der Küche

Für lautstarke Umzüge in der Faschingszeit eignen sich selbstgebastelte Instrumente aus der Küche: alte Topfdeckel, Rasseln aus zwei alten Metallreiben, in die Metallteile, z.B. Fingerhüte gelegt werden, danach fest mit Draht zusammenbinden; Holzlöffel; Nudelhölzer usw. Zwei Joghurtbecher mit Steinen, Reis, Erbsen gefüllt, mit Klebeband verschlossen usw. ...

H. Grelak

Masken – Kannst du reimen?

Wenn ich mir 'ne Maske mal',
schaff' ich Wesen ohne Zahl,
bin dahinter froh und frei;
malt euch eine: 1 – 2– 3!

Seht euch diese Maske an –
nun bin ich ein starker Mann,
hab' als Sheriff Zaum und Zügel,
reit' durch Schluchten, über Hügel,
schütz' Bonanzas Dörfer, Städte.
Wenn man diesen Schutz nicht hätte,
würden Gangster ohne Frage
rauben, morden alle Tage.

Jetzt komm' ich als Clown daher,
weißer Mund und weiße Augen,
Latschen, die zum Schlurfen taugen,
Ulk zu treiben, fällt nicht schwer.

Hui, der Teufel kommt herbei,
schwarze Hörner – rot wie Feuer,
allen ist es ungeheuer
stimm' ich an höllisch Geschrei.

Und nun schnurrt und schleicht ganz weich
Miezekatze durch ihr Reich,
Schnurrbart spitz und Pfoten scharf,
keiner sie am Schwanz ziehn darf.

Nun ein riesig Ungeheuer,
weit geöffnet ist der Rachen,
spitze Zacken wie ein Drachen,
und das Maul speit Blitz und Feuer.

Rot ist die Indianerhaut,
und ich schieß' mit Pfeilen spitz,
komm' geritten wie der Blitz,
raube mir die schönste Braut.

Einen Ritter mal' ich gleich,
hoch schwingt er das Schwert,
stürmt, erobert Reich für Reich,
bleibt stets unversehrt.

Wenn ich mir 'ne Maske mal',
schaff' ich Wesen ohne Zahl,
bin dahinter froh und frei:
malt euch eine: 1 – 2 – 3!

Impulse für Verkleidungsspaß in der Faschingszeit

Jedes Kind bringt viele verschiedene Kleidungsstücke mit, z.B. alte Schuhe, Hüte, Röcke, auch Utensilien wie Bänder, Litzen, Tücher. Diese Utensilien werden gleich zu Anfang mit einem selbstklebenden Namensschild versehen, sonst findet ihr eure Sachen am Schluß nicht wieder.
Nun sortiert ihr die verschiedenen Kleidungsstücke: Schuhe, Tücher, Hüte usw. Jetzt kann sich jedes Kind sein Kostüm selbst zusammenstellen und sich am Schminktisch entsprechend lustig anmalen.
Dabei macht es Spaß, wenn ihr in Zweier- oder Dreiergruppen arbeitet und euch gegenseitig helft. Die Gruppe mit der originellsten Verkleidungsidee bekommt einen Faschingspreis

Lied zum Karneval

Text: Barbara Cratzius
Melodie: Volkstümliches Kinderlied
Musikalische Bearbeitung: Ludger Edelkötter

Elefant will ich heut sein,
stampfe mächtig laut herein.
Heb' den Rüssel groß und schwer,
schwenk' ihn rum, so schaut doch her.

Mäuschen will ich heute sein,
und ich flitze schnell herein.
Zieh die Katze frech am Schwanz,
mach doch mit beim Mäusetanz!

Storch, das will ich heute sein,
ich stolziere keck herein.
Klipper, klapper, klipper – horch!
Ja, ich bin ein eitler Storch!

Käfer will ich heute sein,
schweb' ganz leis' zu euch herein.
Flügel mit den Punkten dran,
schaut mal, was ein Käfer kann!

Schmetterling will ich heut sein,
seht die Flügel zart und fein.
Durch die Adern scheint das Licht,
du darfst sie berühren nicht.

Dino will ich heute sein,
und ich stampf' zu euch herein.
Spitze Stacheln am Fuß und Schwanz,
macht doch mit beim Dinotanz!

Eine Schnecke möcht' ich sein,
kriech' ganz langsam jetzt herein.
Trag' mein Häuschen, schaut doch her,
das ist groß und ganz schön schwer.

Quak – ein Frosch möcht' ich heut sein,
klatsch – so patsche ich herein.
Fange Fliegen, spring empor,
strecke meine Zunge vor.

Brumm, ein Bär möcht' ich heut sein,
tapp auf schweren Sohlen rein.
Bären drehn sich langsam rum,
dreht auch alle, brum, brum, brum.

Und so ziehen wir im Kreis,
braun und grün und schwarz und weiß.
Jeder läuft in seinem Schritt,
alle Tiere machen mit.

Spielimpuls: Die vielen verschiedenen Tierkinder bewegen sich artengemäß im Kreis. Einzelne Kinder laufen nacheinander in der Gegenrichtung im Kreis herum und spielen das von ihnen gewählte Tier mit ausdrucksstarken Bewegungen vor. Die Kinder im Außenkreis ahmen dann die vorgespielten Bewegungen nach. Dabei gibt es eine große Vielfalt von verschiedenartigen Fröschen, Schnecken, Bären ... Das macht den Reiz dieses Spieles aus.

Bären, Vögel, Fische, Hasen ...

Zum fröhlichen Faschingsfest

Wir sollten unseren Kindern gerade bei Festen nicht immer nur Süßes zu knabbern geben.
Hier ist ein Vorschlag für phantasiereiche „salzige" Leckerbissen.
Wir schneiden Schnittkäse (z.B. Gouda) in nicht zu dünne Scheiben (etwa 1/2 cm). Dann stechen wir mit Förmchen (Keksformen) verschiedene Tierfiguren aus.
Die Käseleckereien können auf Gurkenscheiben oder Brottaler gespießt werden (alle Milchprodukte, auch Käse, sind gute Calziumlieferanten, wichtig für den Knochenaufbau der Kinder).

Das Karussellspiel – Verwandlungsspiel zum Fasching

Der Spielleiter ruft die Kinder zum Karussellspiel zusammen, und sie setzen sich zu einem Kreis nieder. Spielleiter ruft (oder singt auf die Melodie: Ein Vogel wollte Hochzeit machen):

Kommt her zum Jahrmarkt, 1-2-3,
das Karussell, das ist grad frei!
Fiderallala …

Ein Schwein, ein Auto und ein Schwan,
'ne Gondel und ein bunter Kahn.
Fiderallala …

Der Karusselldirektor steht in der Mitte, die Kinder stehen auf und laufen langsam bzw. schnell und schneller herum.

Spielleiter: Es steht nicht still das Karussell,
erst fährt es langsam und dann schnell.

Der Herr Direktor sagt jetzt an,
wie jeder sich verwandeln kann!

Karusselldirektor: Ihr seid jetzt: Katze – Hund – Maus – Vogel,
Elefant – Roboter – Hexe – Gespenst – Dracula usw.

Die Kinder laufen weiter herum und stellen gestisch und mimisch mit entsprechenden Lauten die angegebenen Tiere dar.

Spielräume – selbst gesammelt, erdacht und gemacht

Im Fasching wollen Pit, Michael und Holger als wilde Piraten in See stechen – das ist längst klar. Sie haben aus dem Keller und der Garage eine Menge Sachen angeschleppt, die sie für das alte Segelschiff, für die Beiboote, für die Schatzinsel usw. brauchen: Apfelsinenkisten, alte Besenstiele, leere Flaschen (für die Flaschenpost), Gardinen und Laken für die Segel, Stricke und Seile für das Fesseln der „Gefangenen" und natürlich auch eine eiserne Ration für die lange Schiffsfahrt.
Florian, Lena und Lisa, Martin und Mirjan wollen in den Weltraum starten. Sie haben große Transportkartons von Kühlschränken und Fernsehgeräten herbeigeschleppt, dazu jede Menge von Knöpfen, Drähten, Schrauben, Silberpapier usw. Für Aktivitäten im Dinoland, im wilden Westen und bei den Indianern haben die Kinder ebenfalls viel Material zusammengetragen, das sie im Urlaub (z.B. Federn und seltene Steine, angeschwemmtes Strandgut), auf Spaziergängen (z.B. Kastanien, Eicheln, besonders interessant geformte Zweige), auf Baustellen (ausgedientes Werkzeug und Maurerhelme), auf dem Dachboden und auf dem Sperrmüll gefunden haben.

Und die Kostümkiste mit Gürteln, Schleifen, alten Hüten usw. sollte auch immer wieder neu bestückt und ergänzt werden.
Alle diese Utensilien kosten nichts. Sie beflügeln die Phantasie und die Gestaltungskräfte der Kinder, sie regen zu vielseitigen Bewegungsspielen, gerade auch in der Faschingszeit, an.
Wenn die Indianer über die Prärie schleichen, die Dinos durch das Dinoland stampfen, die Astronauten auf dem Mond umhertappen, die Seeräuber übers weite Meer rudern, dann geben diese selbstgeschaffenen Phantasieräume aus Wegwerfmaterial viele Impulse für das freie Spiel, für den Bewegungs- und Entdeckungsdrang unserer Kinder.

Wir wollen heut Indianer sein

Ein Indianerlied für die Jüngsten, auf die Melodie: Dornröschen war ein schönes Kind)

Wir wollen heut Indianer sein, Indianer sein, Indianer sein,
wir wollen heut Indianer sein.
Macht alle mit!

Wir kriegen Federn kunterbunt, kunterbunt, kunterbunt,
wir kriegen Federn kunterbunt.
Macht alle mit!

Nun trommeln wir den Trommeltanz,
Trommeltanz, Trommeltanz,
nun trommeln wir den Trommeltanz.
Macht alle mit!

Nun baun wir ein Indianerzelt,
Indianerzelt, Indianerzelt,
nun baun wir ein Indianerzelt.
Macht alle mit!

Nun gehen wir auf Büffeljagd,
auf Büffeljagd, auf Büffeljagd,
nun gehen wir auf Büffeljagd.
Macht alle mit!

Wir schleichen durch das hohe Gras, hohe Gras, hohe Gras,
wir schleichen durch das hohe Gras.
Macht alle mit!

Wir springen übern breiten Bach, breiten Bach,
breiten Bach,
wir springen übern breiten Bach.
Macht alle mit!

Wir schießen mit dem scharfen Pfeil, scharfen Pfeil,
scharfen Pfeil,
wir schießen mit dem scharfen Pfeil.
Macht alle mit!

Wir tragen unsern Büffel her, Büffel her, Büffel her,
wir tragen unsern Büffel her.
Macht alle mit!

Nun feiern wir das Büffelfest, Büffelfest, Büffelfest,
nun feiern wir das Büffelfest.
Macht alle mit!

Zum Abschluß:
Wir schlafen im Indianerzelt, Indianerzelt,
Indianerzelt,
wir schlafen im Indianerzelt.
Macht alle mit!

Pantomimisch spielen die Kinder die Bewegungen in den einzelnen Strophen nach. Am Schluß schlafen alle ein.

Kopfschmuck für einen Indianer

Ihr braucht: Lange Federn (Schwanenfedern, lange Gänsefedern), Klebeband, Schere, Fingerfarben, auch Batikfarben, Bindfaden, Wellpappe.

Ihr wascht die Federn mit Seifenschaum, gut trocknen. Nun malt ihr sie (Batikfarbe anrühren) bunt an.
Mit dem Bindfaden meßt ihr euer Kopfmaß. Dieses Maß übertragt ihr auf einen Streifen Wellpappe (etwa 5 cm breit). Nun steckt ihr die Feder vorsichtig in die Wellpappe hinein. Mit dem Klebeband befestigt ihr den unteren Rand der Wellpappe und klebt mit Klebeband die Enden des Streifens zusammen.

B. Zühlsdorff

Ein Indianertag mit „Rote Feder“ und „Schneller Hirsch“

Zu diesem Bewegungsspiel können die Kinder sich textgemäß bewegen. Manchmal sind nur pantomimische Bewegungen möglich. Ein Teil der Kinder kann die Geschichte mit verschiedenen (selbstgebastelten) Instrumenten rhythmisch und klanglich begleiten.

Erzähler: Der Indianerjunge „Rote Feder“ ist ganz früh aufgewacht. Er rollt sich aus dem Bärenfell heraus und lauscht. In der Ferne hört er das Rauschen des Flusses und den Morgenruf der Vögel. Er kriecht leise aus dem Tipi heraus. Er schleicht sich durch das Gras zum Zelt seines Freundes „Schneller Hirsch“ und stößt dreimal ihren verabredeten Ruf aus (Kuckucksruf). Da schlägt „Schneller Hirsch“ auch schon das Büffelleder an der Eingangsseite des Tipis zurück.

Beide klatschen sich dreimal zur Begrüßung vor die Brust.

„Laß die andern schlafen“, flüstert „Rote Feder“. „Wir laufen zum Fluß und fangen ein paar Fische. Da wird sich die Großmutter 'Weiße Wolke' freuen. Sie kann nachher die Fische braten! Wir bringen auch Holz für das Feuer mit.“

Sie ziehen sich die Mokassins und die Lederhosen an und holen sich das Netz von den Birkenzweigen herunter. Dann laufen sie durch das hohe Gras.

Am Fluß ziehen sie sich aus und springen ins Wasser hinein. Sie schwimmen ein paarmal hin und her und tauchen tief hinunter.

„Schneller Hirsch“ taucht bis zum Grund und holt ein paar besonders schöne Steine herauf. Er wirft sie ans Ufer. Die Steine wird er der kleinen Schwester schenken. Die mag so gern damit spielen.

Dann werfen sie das Netz aus.
Wupp – schon zappeln ein paar Fische darin. Sie ziehen das Netz ans Ufer und schlagen mit dem Stein auf den Kopf des Fisches. „Der Fisch soll keine Schmerzen mehr haben“, sagt „Rote Feder“.
Dann brechen sie ein paar Zweige ab und hängen die Fische daran auf. Sie sammeln noch Brennholz, bündeln es mit Weidenruten zusammen und laufen durch das Gras zum Dorf zurück.
Inzwischen sind alle aufgewacht. Die Großmutter freut sich über die Fische. Sie schabt die Schuppen ab und wickelt die Fische in duftende Kräuter. Bald zieht der würzige Geruch von gebratenem Fisch über das Indianerdorf.
„Vati“, bettelt „Rote Feder“ und tritt neben „Starker Bär“, der am Feuer steht. „Darf ich morgen früh mit Pfeil und Bogen zum Jagen gehen? Wir haben eine Hirschspur entdeckt. ‘Schneller Hirsch’ hat auch schon mal einen Hirsch erlegt.“ Der Vater zögert eine Weile. Dann sagt er: „Gut, du darfst drei neue Pfeile aus dem Tipi holen. Und meinen Bogen kannst du morgen früh auch haben. Aber seid vorsichtig, wenn ihr auf eine Bärenfährte stoßt. Bären dürft ihr erst in einigen Jahren jagen!“
Da freuen sich die beiden Jungen und stoßen ein lautes Indianergeheul aus (rhythmisch mit der Hand auf den Mund schlagen). „Das wird morgen ein toller Tag“, schreit „Rote Feder“ und macht Handstand vor Freude, dreimal hintereinander.

Indianer spielen und essen

Wir fangen die Feder

Alle Indianerkinder stehen in einem Kr aufgehaltenen Händen. Ein Indianerkind geht hin und tut so, als ob es den Mitspielern eine kleine Feder in die Hand legt. Alle schließen sofort nach der Berührung die Hände, aber nur ein Indianerkind hat die Feder erhalten.
Wenn alle Hände berührt worden sind, läuft das Kind, das die Feder erhalten hat, ganz schnell zu einem markierten Mal, einem Baum usw. Dasjenige Kind, das den Läufer gefangen hat, bekommt die Feder und gibt sie als nächster im Kreis weiter.

„Büffelfleischbällchen“ am Spieß

gebraten von Indianerhäuptling „Schneller Pfeil“

Wir brauchen: 1 Pfund gemischtes Hackfleisch (Rind und Schwein), 2 Semmeln oder 80 g Semmelbrösel, etwas Sahne und Wasser, eine sehr klein geschnittene Zwiebel, Majoran, Thymian, Pfeffer, Salz, ein Ei.

Die Semmeln (Semmelbrösel) mit Sahne und Wasser mischen und quellen lassen. Das Hackfleisch mit den Gewürzen mischen, danach Semmelmasse und Ei hinzufügen. Gut durchkneten und noch mal abschmecken. In reichlich Fett gleichmäßig braun braten. Die Indianer können dieses „Büffelfleisch“ an langen Holzspießen am Feuer noch einmal erwärmen.

H. Grelak

Wir feiern ein Dinofest

Girlanden für die Dinoparty

Für eine Dinoparty könnt ihr euren Raum mit tollen Girlanden schmücken. Die Dinokinder haben aus grünen Palmwedeln Girlanden geflochten und Palmfarnnüsse und Zapfen von den Koniferen dazwischengesteckt.
So könnten wir grünes und braunes Kreppapier benutzen und Tannenzapfen dazwischenbinden. Rot-weiße Blüten aus Kreppapier (Magnolienblüten) und gelbe Schleifen geben dazu einen hübschen Farbeffekt.
Kleineren Dinokindern machen ganz bunte Girlanden Spaß. Wir können in das Kreppapier Bonbons oder kleine Dinofiguren (Kekse, Lakritzdinos) einwickeln. Jedes Bonbon wird mit einer Schleife abgebunden und kann am Schluß leicht abgeschnitten werden.

B. Zühlsdorff

Sport in der Dinoschule

Den Dickkopfsauriern macht die Sportstunde in der Dinoschule besonders Spaß. Wenn ihr dabei auch mitturnen wollt, stellt ihr euch zu Paaren gegenüber, faßt euch bei den Oberarmen, legt die Köpfe aneinander und versucht, euch gegenseitig vom Platz zu drängen. Ihr braucht dazu die Kraft der Arme. Die Dickkopfsaurier haben vor allem die Kraft ihrer dicken Schädel eingesetzt.
Die Dickkopfsaurier kennen aber vor allem auch freundschaftliche Partnerspiele. Ihr stellt die Fußspitzen zusammen, faßt euch bei den Händen und lehnt euch weit zurück, geht in dieser Haltung in die Hocke und richtet euch wieder auf. Aber nicht dabei loslassen!
Ihr stellt euch mit gegrätschten Beinen voreinander hin, schlagt eure Arme über die Arme des Partners und lehnt euch gemeinsam vornüber, ohne daß sich die Köpfe berühren, loslassen, dreimal mit den Armen schwingen, weit nach rückwärts lehnen, bis zu den Palmenspitzen im Dinoland schauen, dann wieder gemeinsam vornüber beugen.
Nun reckt ihr euch hoch auf die Zehenspitzen und versucht, mit den Armen höher und höher zu hangeln, als ob ihr die obersten zarten Blätter von den Magnolienbäumen abpflücken wollt. Wer schafft es, sich am höchsten zu hangeln?

Wettkriechen der Krokodile

Die Krokodile waren gefährliche Feinde der Dinokinder. Im Wasser waren sie recht beweglich, aber an Land waren sie sehr schwerfällig.
Für einen Krokodilwettlauf markieren wir Start- und Ziellinie. Dann knien sich beide Mannschaften vor die Startlinie, wobei jeder die Fußgelenke seines Vordermanns umfaßt. Das Krokodilkriechen ist nicht leicht. Man kann schnell umkippen und dabei die Gelenke des Vordermanns loslassen. Für jedes Umkippen und Loslassen bekommt die Mannschaft einen Minuspunkt angeschrieben. Sieger ist diejenige Mannschaft, die bei mehreren Durchgängen jeweils am schnellsten das Ziel erreicht hat.
Wenn sie allerdings mehr als 20 Minuspunkte hat, ist die andere Mannschaft Sieger. Das Startsignal kann lauten:

Das Krokodil, das kann sehr viel.
Das Krokodil ist riesig groß.
Achtung – Fertig – Los!

1-2-3 – wir sind frei

Als schnelles Spiel
und als Zeitlupenspiel

Alle Kinder laufen als Dinokinder frei im Raum umher. Dazu spielen wir unsere Dinolieder von der Kassette ein. Nach einer Weile stürzen wilde Raubsaurier – erkenntlich durch rote Bänder am Handgelenk – zwischen die „sanften" Dinokinder. Sie versuchen, die Dinokinder zu greifen und abzukitzeln.
Die Dinokinder müssen in einen Reifen springen, um sich zu retten. Wenn dort schon ein Dinokind sitzt, kann das Dinokind bitten: „1-2-3-4, lieber Dino, hilf du mir!" Dann umarmen sich die beiden und rufen den lärmenden Raubsauriern zu: „1-2-3 – wir sind frei!"
Wenn dieses Spiel eine Weile ganz wild gespielt worden ist, ruft die Spielleiterin: „Zeitlupe!" Dann müssen alle Dinos sich ruhig und gemessen bewegen, wie ihr es vom Fernsehen her kennt, wenn beim Sport (Wettlauf, Fußball) eine Szene in Zeitlupe wiederholt wird. Dazu kann die wilde Musik ausgestellt werden, und eine sehr stille Spielweise kann die aufgeregten Dinokinder beruhigen.

Dinos stampfen durch den Sand

Wir brauchen: Material zum Beladen der Dinos, z.B. Blätter, Tannenzapfen, Zweige, Stroh, einen Korb mit Früchten usw., also vegetarische Nahrung. Die einzelnen „Ladungen“ werden zusammengebunden, damit sie nicht herunterfallen. Im Raum sind verschiedene „Wegstationen“ aufgebaut, z.B. wird mit Kreppapier ein Fluß oder See markiert; aus Bänken ein Berg, aus Packpapier ein Sandstrand, aus Bänken eine Sandbank (vorsichtig balancieren, rechts und links Wasser) dargestellt. Dazu wird Musik von der Kassette (Dinolieder aus dem Impulse-Verlag) eingespielt oder die Kinder singen nach der Melodie: Ein Vogel wollte Hochzeit machen:

Die Dinos stampfen übers Land,
durch Matsch und Sümpfe durch den Sand.
Fiderallala, fiderallala ...

Die Dinos stampfen heute los,
und das Gebrüll ist riesengroß.

Bei Dinos gibt es Spiel und Spaß,
auch Brüllen, Schmatzen, Dino-Fraß.

Die Dinos stopfen furchtbar viel
ins Maul hinein mit Stumpf und Stiel.

Nur einer sie erschrecken kann,
Tyrannos Rex – o Mann – o Mann!

Doch Dinos, Dinos sind nicht dumm,
sie schwenken ihren Schwanz herum.

Den langen Schwanz mit Stacheln dran,
Tyrannos läuft, so schnell er kann.

Nun geht's den Weg zurück nochmal,
das macht uns Spaß auf jeden Fall!

So marschieren die Dinos über die verschiedenen Hindernisse; die Begleiter passen auf, daß die Ladung nicht herunterfällt. – Auf dem Rückweg werden die Rollen gewechselt.

Wir feiern ein Piratenfest

Der Schatz der Piraten wandert

Die Piratenkinder sitzen im Kreis zusammen. Sie haben viele Schätze erbeutet. Um den Hauptschatz, einen prächtigen Edelstein, entbrennt ein Streit. Der Piratenkapitän bestimmt, daß mit einem Spiel der Streit geschlichtet werden soll.
Nacheinander dürfen die Seeräuber in die Kreismitte kommen, um den Schatz zu finden. Jeder Seeräuber hat drei Versuche. Wer dreimal richtig geraten hat, darf den Schatz behalten (Spielregeln wie beim Spiel: Ringlein, Ringlein, du darfst wandern).
Der Schatz (ein schön gemusterter Stein oder eine bunte Glasmurmel) wird in Gold- oder Silberpapier eingewickelt. Der Piratenkapitän (mit Augenbinde und Piratenhut) geht von Seeräuber zu Seeräuber und läßt irgendwo den Schatz in die aufgehaltenen Hände gleiten. Dazu singen die Kinder:

1-2-3-4-5-6-7,
wo ist nur mein Schatz geblieben?
Hei – ich hab' ihn, gebt nur her,
Gold und Silber, immer mehr.

Dieses Spiel kann mit neuen Schätzen beliebig variiert werden. Dabei wechselt der Piratenkapitän (bzw. Indianerhäuptling, Oberdino, Gangsterboß usw.). Bei vielen verschiedenen Kinderfesten kann dieses Spiel eingesetzt werden. Bei Indianerfesten steht der Häuptling mit Federschmuck und Indianerhemd mit umgehängtem Pfeil und Bogen in der Kreismitte. Der Schatz kann eine kleine Friedenspfeife oder eine besonders schöne Feder sein.
Bei Geburtstagsfesten steht das Geburtstagskind in der Kreismitte.

B. Zühlsdorff

Die Fahrt zur Schatzinsel „Afrikonien“

Während der Erzähler die Geschichte erzählt, spielen die Kinder die angegebenen Bewegungen pantomimisch nach. Das Piratenschiff ist mit Kreppapier auf dem Boden markiert.

Erzähler: Auf ihrem Piratenschiff „Steiler Haifischzahn“ segeln die Piraten über das weite Meer. Sie haben seit Wochen kein Land mehr gesehen. Die Piraten stehen an Deck, legen die Hände über die Augen und hoffen, irgendwo Palmen und Sandstrand auftauchen zu sehen. Ihre Vorräte sind seit Tagen aufgebraucht. Sie können sich immer nur die leeren Bäuche streicheln. Die jüngsten Piraten beginnen schon, an den Leinen und Tauen zu knabbern. Immer wieder werfen sie in hohem Bogen ihre Angeln und Netze aus. Auch heute morgen haben sie nur drei winzige Fische gefangen. Der Koch kann sie gerade noch in den Kochtopf werfen, sonst hätten die Piraten sie sogar roh gegessen. Jeder bekommt ein ganz kleines Stück Fisch. Sie lecken sich jeden Finger ab.
Auf einmal schreit der jüngste Pirat: „Da hängt ja eine Flasche im Netz!“ Sie ziehen die Flasche an Deck.

Durch das zerschrammte Glas erkennen sie einen ganz zerknitterten Zettel. Der Steuermann zieht einen Korken heraus und liest vor: „Wenn ihr immer der sinkenden Sonne nachsegelt, kommt ihr an die Schatzinsel Afrikonien. Da werdet ihr tolle Schätze finden!"
„Hurra!" schreien die Seeleute und segeln den letzten Sonnenstrahlen nach. Ganz spät in der Nacht sehen sie die dunklen Palmenwipfel auftauchen. Sie rudern an Land, und dann beginnt die Schatzsuche.
Einige finden Gold- und Silberstücke hinter den Felsen und Steinen versteckt. Aber was sollen sie mit Gold und Silber auf der einsamen Insel anfangen?
Zum Glück findet der Koch eine große Kiste mit Keksen und Bananen und vielen anderen Leckerbissen. Sie setzen sich alle zum Kreis zusammen und füllen ihre hungrigen Bäuche.
Dann tanzen sie wilde Piratentänze, bis sie ganz müde umfallen und so laut schnarchen, daß die Affen hoch in den Palmen einen Schreck bekommen und denken: „Das sind aber komische Affentiere. Da kann ja jeder einzelne lauter schnarchen als eine ganze Affenherde zusammen!"

Die Kinder steigen aus ihrem „Schiff" heraus, gehen frei im Raum umher und suchen nach den Schätzen.

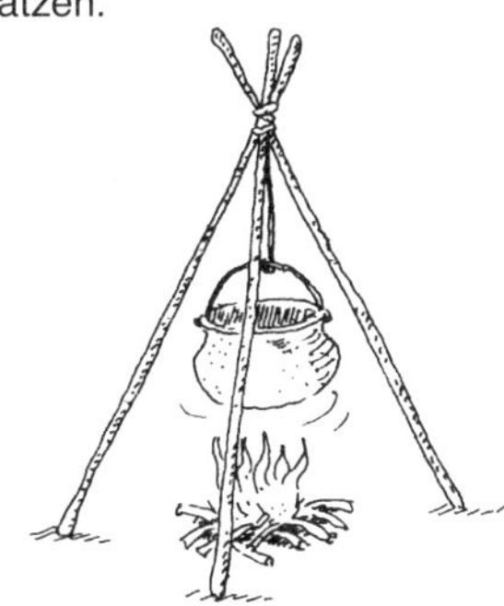

Fleischtopf für Indianer und Seeräuber

Wir brauchen: 1 kg gemischtes Hackfleisch, 100 g Tomatenmark, Salz, Pfeffer, Thymian, Paprika, Petersilie, 1 kleine Dose Maiskörner, 1 kleine Dose Kidneybohnen, 300 g Karotten, klein geschnitten, 3 Zwiebeln und 3 Knoblauchzehen, klein geschnitten, Öl zum Braten.

Wir dünsten Zwiebeln und Knoblauch an und fügen die Gewürze, das Fleisch und die Kartoffeln hinzu und lassen es 30 Minuten garen. – Am Schluß geben wir die Maiskörner und die Kidneybohnen und die feingehackte Petersilie zu und lassen noch einmal 10 Minuten auf kleiner Flamme durchziehen. Wir füllen das Fleisch in einen großen Topf, der über das Lagerfeuer gehängt werden kann. Indianer und Seeräuber können Fladenbrot oder Vollkornbrötchen dazu essen.

B. Zühlsdorff

Wir fliegen hoch zum Mond

Die Kinder im Kindergarten wollen auf Reise in verschiedene Länder gehen. Michael und Till und Robert und Holger stehen unschlüssig herum. „Piraten, Eskimos, Indianer, alles schon dagewesen", sagt Michael. „Wir wollen uns was ganz Tolles ausdenken! Viel weiter soll unsere Reise gehn!" ruft Till. „Bis an den Südpol zu den Pinguinen", meint Robert. „Oder bis nach China zu den Pandabären." „Viel weiter", sagt Michael. „Weiter geht's auf der Erde nicht", meint Holger. „Da müßt ihr schon von der Erde runterfahren, weit hinein in den Weltraum!" „Tolle Idee" schreit Michael auf einmal. „Los, wir bauen eine Weltraumrakete und fliegen hoch bis zum Mond!"

Weltraumrakete

Ihr braucht: Viele große Kartons (z.B. Verpackungsmaterial für Waschmaschinen und Fernsehgeräte), mehrere kleine Kartons, Pappe, Silberpapier, Silberfolie, Schere, Bleistift, Klebstoff, durchsichtige Folie.

Ihr baut die Kartons so übereinander, daß ihr innerhalb der „Kapsel" stehen und aus den runden „Fenstern" (mit durchsichtiger Folie beklebt) herausschauen könnt.
Bei der Gestalt der Aufbauten und der Spitze der Rakete könnt ihr eurer Phantasie freien Raum lassen.

Kindergarten Partschins, Südtirol